Unschlagbar durch gutes Teamwork

Impressum

Die Deutsche Bibliothek – CIP Titelaufnahme
Ein Titeldatensatz für diese Publikation ist bei Der Deutschen Bibliothek erhältlich.

BW Bildung und Wissen
Verlag und Software GmbH
Südwestpark 82
90449 Nürnberg
Tel. 09 11/96 76-175
Fax 09 11/96 76-189
E-Mail: serviceteam@bwverlag.de
http://www.bwverlag.de

Redaktion und Satz: folio · Marion Voigt, Zirndorf
Umschlaggestaltung: Ute Popp
Druck: Druckhaus Oberpfalz, Amberg

ISBN 3-8214-7623-0

Christine Öttl / Gitte Härter

Unschlagbar durch gutes Teamwork

Praktische Tipps für den

Erfolg in der Gruppe

jobs ▪ business ▪ future
www.jobs-business-future.de
Bildung und Wissen Verlag

Inhalt

1. Grundlagen von Teamwork

Was ist eigentlich ein Team?

Team, Teamarbeit oder Teamwork, Teamplayer und Teamgeist: Diese Begriffe sind im Arbeitsleben weit verbreitet und gar nicht mehr wegzudenken. „Teamfähigkeit" und „ein guter Teamplayer sein" gelten als zentrale persönliche Kompetenzen, da sie die Qualität der Zusammenarbeit und damit Arbeitsergebnisse und Erfolg des Unternehmens beeinflussen. Aus diesem Grunde taucht das Stichwort Teamwork im Arbeitsalltag immer wieder auf: in so gut wie jeder Stellenanzeige und in den meisten Bewerbungsgesprächen, in Meetings von Führungskräften und in Gesprächen unter Kollegen und und und. Doch was hat man sich eigentlich unter Teamwork vorzustellen?

Gerade bei häufig verwendeten Begriffen geht man automatisch davon aus, dass es eine allgemein gültige, verbindliche, klare und auf der Hand liegende Definition gibt – und man sich darüber keine Gedanken zu machen braucht. Doch das ist schade: Denn oft redet – oder arbeitet – man aneinander vorbei, nur weil man von unterschiedlichen Annahmen und Vorstellungen ausgeht. Einzelne Menschen, Mitarbeiter wie Führungskräfte, und Unternehmen haben nämlich sehr wohl individuelle und spezifische Vorstellungen von Teamarbeit, die sich mehr oder weniger stark voneinander unterscheiden können. Abgesehen von diesen individuellen Unterschieden, die es zu klären und auf einen gemeinsamen Nenner zu bringen gilt (wir werden uns später in diesem Kapitel damit beschäftigen), werden die Begriffe Team und Teamarbeit im Allgemeinen nicht einheitlich verwendet. Grob gesagt, gibt es folgende zwei Definitionen von Teams:

- ✓ Teams im engeren Sinne
  Damit sind kleinere, demokratische und flexible Gruppen aus Experten gemeint, die sich fachlich ergänzen, ohne Führungskraft auskommen, sich selbst organisieren, alle Entscheidungen gemeinsam treffen, gemeinsam Lösungen erarbeiten und die Verantwortung für

die Ergebnisse tragen. Der Managementberater Jon R. Katzenbach, der als Experte auf dem Gebiet Teamarbeit gilt, bezeichnet diese sich selbst organisierenden Gruppen als „echte Teams“.

✓ Teams im weiteren Sinne
Im Allgemeinen und in der Umgangssprache versteht man unter Team einfach eine Gruppe von Leuten, die zusammenarbeiten, ihre Arbeit aufeinander abstimmen und ein mehr oder weniger stark ausgeprägtes Zusammengehörigkeitsgefühl haben – in Abgrenzung von lauter Einzelkämpfern, die ausschließlich mit der eigenen individuellen Arbeit befasst sind. Auch eine „Gruppe mit fester Führungsperson“ (Katzenbach, *Teams an der Spitze*, S. 13) gilt im allgemeinen Sprachgebrauch als Team: Ein Team kann durchaus einen festen Vorgesetzten oder einen Projektleiter haben, der die Fäden in der Hand behält. Dieser Teambegriff ist sehr viel dehnbarer und unserer Meinung nach hilfreicher für die Praxis – er umfasst alles von der kleinen schnellen Eingreiftruppe über die festen, institutionalisierten Teams wie Abteilungen bis hin zum Unternehmen als großem Team. Die Aussage „Wir sind ein gutes Team“ beruht so gut wie immer auf diesem allgemeinen Teambegriff und meint, dass man gut zusammenarbeitet und zusammenhält, gerne gemeinsame Sache macht und sich gegenseitig ergänzt.

Wir legen unserem Buch die Definition von Teams im weiteren Sinne zugrunde und gehen von der folgenden kurzen und prägnanten Erklärung aus (nach Bob Nelson/Peter Economy, *Management für Dummies*, S. 221, siehe Anhang):

> Was ist ein Team? Ein Team ist eine Gruppe von zwei oder mehr Personen, die zusammen an einem gemeinsamen Ziel arbeiten.

Wir finden darüber hinaus die Einteilung in folgende drei große Kategorien von Teams hilfreich:

- ✓ Teams auf Zeit (Arbeits-/Projektgruppen)
  Diese Teams werden gezielt zusammengestellt, um zeitlich begrenzte Projekte durchzuziehen, sprich innerhalb einer vorgegebenen Zeit gemeinsam ein bestimmtes Ziel zu erarbeiten – und lösen sich wieder auf, wenn die Arbeit getan ist. Diese temporären Teams können auch externe Mitglieder, etwa Dienstleister, Zulieferer oder Kunden einschließen.

  Einige Beispiele für zeitlich begrenzte Teams: das Bearbeiten konkreter Fragestellungen/Lösen von Problemen in Form eines klar umrissenen Projektes – zum Beispiel Maßnahmen, den Umsatz zu steigern, die Entwicklung einer firmeninternen Software, das Überprüfen/Optimieren der unternehmensübergreifenden Arbeitsabläufe. Auch so genannte „Pilotprojekt-Teams" sind hilfreich: Hier werden Mitarbeiter dazu ausgewählt, neue Arbeitsweisen oder technische Neuerungen im kleinen Rahmen zu testen, bevor man sie in einer ganzen Abteilung/im gesamten Unternehmen einführt.

  Und es gibt auch die – meist informelleren – „thematischen Teams": Eine Gruppe von Mitarbeitern nimmt sich einer aktuellen Fragestellung an, zum Beispiel, wie sich der Krankenstand oder die Fluktuation senken lässt, oder befasst sich mit firmeninternen Maßnahmen wie einer Mitarbeiterzeitung/einem Redaktionsteam.

- ✓ ständige Teams (Abteilungen/Gruppen)
  Bestehende Abteilungen werden häufig nicht als tatsächliche Teams wahrgenommen. Zwar fallen die Begriffe Team und Teamarbeit immer wieder, doch wird oft nicht aktiv zu guter Teamarbeit beigesteuert. Abteilungen oder Zusammenschlüsse von Kollegen kristallisieren sich auch bei kleinen Unternehmen nach und nach heraus: einfach deshalb, weil eine gewisse Arbeitsteilung nach Neigungen und fachlicher Expertise natürlich auch Sinn macht. Wenn eine Firma dann wächst, entwickeln sich aus kleinen, meist informellen Teams allmählich Abteilungen. Es ist sehr sinnvoll, das bewusst und geplant zu machen – anstatt die Entwicklung dem Zufall zu überlassen. Bewahren Sie den Überblick, setzen Sie die Talente der

Einzelnen gezielt ein und kombinieren Sie sie so, dass die Teammitglieder sich tatsächlich ergänzen.

In größeren Abteilungen ist es wiederum sinnvoll und hilfreich, diese noch einmal zu untergliedern und abteilungsinterne Teams zu bilden. Das ist eine sehr effiziente Möglichkeit, um die anfallende Arbeit besser zu strukturieren und zu verteilen – was die Arbeit übersichtlicher macht und positive Auswirkungen auf den Workflow wie auf die Arbeitsgeschwindigkeit hat. Ein weiterer Vorteil besteht in der geringeren Gruppengröße – eine Chance, die persönlichen Kontakte und den Zusammenhalt zu intensivieren. Je nach individueller Gegebenheit in Ihrem Unternehmen ergibt sich hier noch ein weiteres Team, und zwar das der einzelnen Teamleiter.

✓ das ganze Unternehmen als Team
Welches Unternehmen wünscht sich das nicht: Alles dreht sich um den Kunden und ist auf diesen hin fokussiert. Alle Teams und alle Mitarbeiter fühlen sich als Dienstleister (intern wie extern), die gemeinsam für den Kunden aktiv sind und so den Erfolg der Firma im Visier haben. Die Realität sieht leider häufig ganz anders aus. Statt auf gemeinsame Ziele hinzuarbeiten und die Kräfte zu bündeln, verzetteln sich viele Firmen – unbeabsichtigt, indem Schnittstellen nicht reibungslos funktionieren, Informationen zu lange brauchen oder unzureichend weitergegeben werden, und im Extremfall sogar in internen Animositäten und gar Grabenkämpfen. Anstatt gemeinsame Sache zu machen oder sich auch nur füreinander zu interessieren, ziehen einzelne Abteilungen oder Teams innerhalb größerer Abteilungen nicht selten ihren eigenen Stiefel durch und blicken nicht über den eigenen Tellerrand – schlimmstenfalls artet Teamgeist dahingehend aus, dass eine Gruppe bewusst und aktiv einer oder mehreren anderen aus dem Weg geht oder gar diese boykottiert.

Was schon innerhalb kleiner Teams keineswegs selbstverständlich ist und sich nicht einfach automatisch ergibt, ist noch schwieriger zwischen mehreren Teams. „Freiwillig findet kaum ein teamübergreifender Austausch statt", schreibt Christine Demmer (*Wie sage ich's meinen Mitarbeitern?*, S. 117) – und wir können das nur bestätigen: Nicht, weil böse Absicht dahinter steckt, sondern weil für gute Teamarbeit neben den wichtigen Grundlagen (siehe vor allem auch Kapitel 2, 3 und 4) auch die „ständige Energiezufuhr" enorm wichtig ist. Gute Zusammenarbeit und sinnvoller Austausch entstehen selten von alleine.

Damit sich sämtliche Mitarbeiter im Unternehmen auch als Team verstehen und „gemeinsame Sache machen", ist es – je nach Firmengröße – sinnvoll, wenn sich die Abteilungsleiter ebenfalls als Team begreifen und austauschen. In den meisten Firmen wird das gemacht: Da gibt es dann das „Management-Team" – durchaus auch auf Ebene des mittleren Managements, also beispielsweise auf der Abteilungsleiter-Ebene. Ganz klar: Wenn sich die „Köpfe" der jeweiligen Teams untereinander austauschen und verstehen, etwaige Hindernisse und Probleme ansprechen, um Lösungen bemüht sind und vor allen Dingen ihre eigenen Leute zur Kooperation anregen, klappt die Zusammenarbeit zwischen den Teams wesentlich besser.

Achtung: Hüten Sie sich vor einer Art Zweiklassengesellschaft, wie sie in vielen Unternehmen herrscht: Hier die „wertvollen" Abteilungen/Teams – dort diejenigen, die die Hintergrundarbeit machen und den anderen „nur" zuarbeiten.

Ein klassisches Beispiel: Der Vertrieb als „Umsatzgenerator" wird in vielen Unternehmen bedingungslos in den Vordergrund gestellt. Andere Abteilungen, die „lediglich Kosten verursachen, aber nichts reinholen", wie Buchhaltung/Administration oder sogar Marketing, spielen dagegen oft die zweite Geige. Mit derlei Verhalten von Unternehmensseite – den zuständigen Führungskräften – schürt man nur unnötig Animositäten und baut Barrieren auf. Und dabei schießt man sich selbst ins Knie, denn die großen Feinde von Teamgeist heißen: Anonymität, Nicht-Wissen und Distanz.

Wichtig, um den Teamgeist im gesamten Unternehmen zu verbreiten und die Basis dafür zu legen, dass alle an einem Strang ziehen, sind also die folgenden Punkte:

- ✓ „Alle sind wertvoll und tragen zum Erfolg des Unternehmens bei – jeder an seinem Platz.“ Diese Firmenphilosophie ist die Grundlage für gute Zusammenarbeit, darf jedoch nicht nur ein Lippenbekenntnis sein. Die Führungskräfte müssen von diesem Prinzip echt überzeugt sein und auch entsprechend handeln.

- ✓ Teamarbeit und Teamgeist sind so zentrale Themen, dass immer wieder darüber gesprochen werden muss. Es ist wichtig, dass die Führungskräfte sowohl in den einzelnen Abteilungen/Teams als auch im gesamten Unternehmen Wert und Bedeutung von Teamarbeit klar machen – und aufzeigen, inwiefern alle davon profitieren können.

- ✓ Je besser die Mitarbeiter Zusammenhänge und Arbeitsabläufe verstehen, umso klarer ist ihnen ihr eigener Beitrag zum Ganzen – und umso größer auch das gegenseitige Verständnis.

- ✓ Austausch und Verständnis füreinander sind wichtige Voraussetzungen für gute Zusammenarbeit und lassen sich durch unterschiedliche Maßnahmen fördern: regelmäßige team-/abteilungsübergreifende Meetings, Schnuppertage oder Crosstrainings in anderen Abteilungen sowie Präsentationen einzelner Teams und Abteilungen gegenüber dem Rest der Firma.

Team = Arbeitsteilung plus gemeinsame Ziele

„Ist Arbeitsteilung schon Teamwork?“, so die Frage des Managementexperten Fredmund Malik in einem kritischen Artikel mit dem Titel *Der Mythos vom Team* (*Psychologie Heute* 9/1999, S. 34). Nein, sicherlich nicht: Denn in einer aus lauter Einzelkämpfern bestehenden Abteilung gibt es vielleicht die perfekte Arbeitsteilung – aber noch lange keine Teamarbeit. Klare und sinnvolle Arbeitsteilung ist zwar eine Voraussetzung für effiziente und erfolgreiche Zusammenarbeit, aber bei weitem nicht alles. Denn was Teamarbeit im Kern ausmacht und von sturer Einzelarbeit unterscheidet, ist ja das genaue Gegenteil, nämlich: das Über-den-Tellerrand-Schauen, das Gemeinsame-Sache-Machen, das Sich-aufeinander-Abstimmen und das Zusammenführen der Einzelleistungen zu einem sinnvollen Ganzen. Damit das überhaupt passieren kann, braucht es ein gemeinsames Ziel – meistens ist das die Qualität des Produktes oder der Dienstleistung, der zufriedene Kunde. Alles, was der einzelne Mitarbeiter, die einzelnen Teams und das Unternehmen insgesamt tun, sollte auf dieses ausgerichtet sein und immer wieder darauf bezogen werden.

Achtung: Ein allgemeines Ziel wie Kundenzufriedenheit reicht keineswegs aus, um die Teamarbeit anzuheizen und auf Touren zu halten. Es ist wichtig, diese globale Zielbestimmung als verbindende Formel immer wieder ins Spiel zu bringen – aber sie muss auch auf die Teams und die einzelnen Mitarbeiter heruntergebrochen und jeweils spezifisch definiert werden.

Team = Selbstverantwortung plus Kooperation

Wenn von Teamarbeit die Rede ist, fallen schnell Stichworte wie Hilfsbereitschaft und gegenseitige Unterstützung. Keine Frage: Das sind wichtige Bereiche, und sie gehören zweifellos zu einem starken Team dazu. Doch damit die Zusammenarbeit rund und reibungslos ablaufen kann, sind nicht nur diese sozialen Kompetenzen und Verhaltensweisen von fundamentaler Bedeutung. Wichtig ist ebenso, dass jedes Teammitglied die eigenen Aufgaben möglichst eigenständig, gut und auch schnell erledigt – und natürlich so, dass man nicht unnötig auf die Unterstützung anderer angewiesen ist. Je besser der Beitrag des Einzelnen ist, umso besser ist die Gesamtleistung und „flutscht“ die Zusammenarbeit.

Im Unternehmensalltag wird oft übersehen oder unterschätzt, dass Teamarbeit eine große Herausforderung für alle Beteiligten darstellt – und im Vergleich zu traditioneller Einzelarbeit (jeder Mitarbeiter ist nur für den eigenen Bereich/die eigene Leistung und nur seinem/seinen Vorgesetzten gegenüber verantwortlich) eigentlich anstrengender und oft genug „problematischer“ ist. Denn damit Teamarbeit überhaupt zustande kommen und gelingen kann, muss jedes Teammitglied sowohl die eigenen Aufgaben gut bewältigen als auch aktiv mit den Teamkollegen zusammenarbeiten, sie unterstützen und sich unterstützen lassen. Allzu oft und gerne gehen Führungskräfte davon aus, dass jeder sich selbst als „guter Teamplayer“ einstufende Mitarbeiter sich auch als solcher bewähren wird – und dass alle Mitarbeiter begeistert gemeinsame Sache machen, weil ja die Vorteile für jeden auf der Hand liegen. Doch so einfach funktioniert es nicht, wie eine immer wieder zu verzeichnende „Teammüdigkeit“ oder zumindest Ratlosigkeit angesichts mangelhafter Kooperation oder gar zerfallender Teams zeigt. Denn Kooperation und offene Kommunikation sind nicht unbedingt Verhaltensweisen, die man in der Schule lernt und über die jeder verfügt.

Es ist wichtig, dass Sie sich als Führungskraft diesen Herausforderungen – und durchaus zusätzlichen Belastungen für den Einzelnen – bewusst sind und es als Ihre Aufgabe ansehen, hier einzugreifen und gestaltend tätig zu sein. Ganz besonders natürlich dann, wenn Teamarbeit neu eingeführt wird oder wenn Ihr Team stark wächst und immer wieder neue Leute dazukommen. Der Einsatz lohnt sich.

Was macht ein gutes Team aus?

Natürlich gibt es sie: die guten und starken Teams. Doch leider gibt es auch sehr viele Klagen wie: „Wir sind eigentlich gar kein richtiges Team!“ oder „Ich habe lauter gute Leute – aber ein Team habe ich nicht!“ Im ersteren Falle sind es die Teammitglieder, die sich mehr gegenseitiges Aufeinander-Zugehen und mehr Unterstützung wünschen. Im zweiten Fall ist es der Teamleiter, der gerne mehr Zusammenhalt und Kooperation in der eigenen Mannschaft hätte.

Übrigens wird der Begriff Team oft auch nur gleichgesetzt mit „Wir verstehen uns alle gut“: So wichtig ein angenehmer Umgangston und eine gute Atmosphäre sind, so wenig macht das alleine gute Teamarbeit aus.

Es ist möglich, ein starkes und schlagkräftiges Team aufzubauen und zu bewahren – und Sie können es erreichen, wenn Sie klare Vorstellungen haben und Ihre Leute unterstützen. Wir wissen das aus eigener Erfahrung. Als Abteilungsleiterinnen in einem ständig expandierenden Unternehmen haben wir viele Erfahrungen im Bereich Teambuilding gesammelt. Hier die Grundzüge eines in unseren Augen guten Teams:

✓ Die Teammitglieder sehen sich als Teile einer Arbeitsgruppe, die gemeinsam eine konkrete Arbeit erledigen und **kooperieren**, um bestimmte Ergebnisse zu erzielen. Die Ziele (des Unternehmens, des Teams und der einzelnen Mitglieder) sind bekannt.

✓ Die Teammitglieder fühlen sich für den jeweils eigenen Bereich zuständig und erledigen ihre Aufgaben **selbstständig und eigenverantwortlich**. Darüber hinaus setzen sie sich für die Teamziele ein – und unterstützen sich bei Bedarf gegenseitig.

✓ Es herrscht eine gesunde **Balance** zwischen effizientem Arbeiten/ „Funktionieren“ und menschlichem Miteinander: Die beiden Dinge schließen sich nicht aus, wie manchmal behauptet wird, sondern sind zwei Seiten ein und derselben Medaille.

✓ Den Teammitgliedern ist bewusst, dass gute Teamarbeit und Teamgeist einen Prozess darstellen, zu dem jeder seinen Beitrag leisten will und muss. Auch hier gibt es kein „Auslernen“, und jede neue Situation bringt neue Herausforderungen mit sich. Ein gutes Team setzt sich mit sich selbst auseinander und engagiert sich dafür, **Zusammenarbeit und Zusammenhalt** immer wieder zu verbessern und zu stärken.

✓ Die Teammitglieder kennen die unterschiedlichen Aufgaben der Einzelnen und sind sich dessen bewusst, dass jeder bestimmte Talente und Fähigkeiten ins Team einbringt. Sie begegnen sich gegenseitig mit **Respekt und Interesse**.

✓ Unserer Erfahrung nach ist **offene Kommunikationskultur** ein ganz zentraler Bereich und letztlich der Schlüssel zu gutem Teamgeist (mehr dazu ab S. 107). Offen zu kommunizieren bedeutet, dass sowohl positive als auch negative Dinge angesprochen werden – um sich über das zu freuen, was gut läuft, und um das zu verändern und zu verbessern, was noch nicht gut genug läuft. Selbstverständlich muss die Kommunikation konstruktiv sein – nur wenn alle Beteiligten auch wissen, wie sie Positives und Negatives richtig anbringen, ist Offenheit möglich und kommt das gesamte Team voran.

✓ Ein gutes Team zeichnet sich auch dadurch aus, dass relevante **Informationen fließen** – schnell und gezielt weitergegeben werden. Das ist eine wichtige Voraussetzung, damit alle auf dem aktuellen Wissensstand sind und ihre Arbeit effizient verrichten können.

✓ Angesichts der vielen Umstrukturierungen in den letzten Jahren wurde immer wieder vom „Kontinuierlichen Verbesserungsprozess" (KVP) gesprochen. Und in der Tat ist es Gold wert, wenn die Teammitglieder **Ideen, Verbesserungsvorschläge und Kritik einbringen**, um einzelne Arbeitsschritte und die Zusammenarbeit zu optimieren. Das wirkt sich nicht nur positiv auf die Effizienz der Arbeit aus, sondern auch auf den Zusammenhalt im Team.

✓ Missverständnisse und Meinungsverschiedenheiten gibt es überall, wo Menschen zusammentreffen. Gute Teams verdrängen diese Tatsache nicht, sondern gehen konstruktiv und aktiv damit um. **Konflikte werden gelöst**. Sie werden weder aufgeschoben noch für nicht existent erklärt, sondern durchgestanden.

✓ Hilfsbereitschaft ist vermutlich das Stichwort, das beim Thema Teamwork am häufigsten genannt wird. Tatsächlich zeichnet sich ein gutes Team dadurch aus, dass die Einzelnen nicht allein gelassen werden, sondern von den Kollegen – übrigens auch unaufgefordert – unterstützt werden. Teamwork ist **Geben und Nehmen**.

✓ Ein gutes Team ist keine Clique, die sich von anderen abgrenzt, sich als etwas Besseres fühlt oder gar andere Teams „bekriegt“. Der innere Zusammenhalt ist wichtig – gleichzeitig muss das Team aber **nach außen hin aufgeschlossen** sein und mit anderen konstruktiv zusammenarbeiten, sich also auch in der Zusammenarbeit mit anderen Teams als guter Teamplayer beweisen.

Mythen über das Team

Immer wieder werden Stimmen laut, dass das Team an sich ein Mythos und Teamarbeit weder machbar noch nützlich sei. Wir sind davon überzeugt, dass Teamwork und Kooperation – sowohl innerhalb der einzelnen Arbeitsgruppen als auch abteilungsübergreifend – nicht nur wichtig sind, sondern dass ihre Bedeutung weiterhin zunehmen wird. Zum einen, weil sich in immer mehr Bereichen durch Gruppenarbeit die besten und schnellsten Resultate erzielen lassen. Und zum anderen, weil gute Zusammenarbeit und ein positives Arbeitsklima überall zu mehr Effizienz und Engagement führen: auch dort, wo Einzelarbeit im klassischen Sinne verrichtet wird und jeder seinen abgesteckten Aufgabenbereich hat.

Allerdings gibt es einige Mythen über das Team, die unserer Meinung nach dem Teamgedanken schaden können, weil sie zu hohe oder falsche Erwartungen schüren. Dazu gehören:

Teamarbeit ist rundherum und ausschließlich positiv. Alle können von Teamarbeit nur profitieren, und die Vorteile liegen auf der Hand, sodass alle begeistert mitmachen und die Sache von Anfang an ein voller Erfolg wird.
Auch wir sind der Überzeugung, dass Teamarbeit eine tolle Sache ist. Aber wie alles andere hat Teamarbeit nicht nur positive Seiten oder sie kommen nicht automatisch zur Geltung. Um Teamarbeit erfolgreich

einzuführen und den Teamgeist langfristig zu erhalten, ist es wichtig, sich der Risiken und Fallen bewusst zu sein – und ihnen verantwortungsvoll und aktiv gegenzusteuern.

Es genügt, einer Gruppe das Etikett Team zu verpassen oder sie daran zu erinnern, dass sie eines sind – und schon funktioniert alles bestens und in absoluter Eigenverantwortung. („Ihr seid ja ein Team und lauter erwachsene Leute!")
Unserer Erfahrung nach ist es wichtig und sinnvoll, Teams nicht sich selbst zu überlassen. Klare Ziele und eine starke Führung (durchaus partnerschaftlich, aber stark und lösungsorientiert) stärken den Zusammenhalt und bringen die Vorteile von Teamarbeit so richtig zum Erblühen.

Ein Team ist eine Gruppe von Leuten, die gemeinsam etwas leisten sollen – es geht nur um Fachliches und Sachliches.
Überall wo Menschen zusammen sind, „menschelt" es: Auch in Teams kommt die Beziehungsebene sehr stark zum Tragen und beeinflusst sowohl die Arbeitsatmosphäre als auch die Qualität der Arbeit und somit die Ergebnisse. Teams, in denen das Persönlich-Menschliche und die zwischenmenschlichen Beziehungen wichtig genommen und gestaltet werden, können ihr Potenzial viel stärker ausschöpfen.

In einem Team müssen alle Freunde sein und auch privat etwas miteinander zu tun haben. Alle verstehen sich super, alles klappt und es herrscht „Friede, Freude, Eierkuchen".
Um gut und effizient miteinander zu arbeiten, muss man noch lange nicht befreundet sein. Natürlich ist es wichtig, dass die Teammitglieder respektvoll und höflich miteinander umgehen und gewisse Regeln einhalten – aber Freundschaft ist nicht nur nicht immer möglich, sondern kann sich sogar ungünstig auf das Team auswirken. Vor allem, wenn Unstimmigkeiten und Konflikte beiseite geschoben oder unter den Teppich gekehrt werden, weil „wir uns ja eigentlich gut verstehen". Wie schnell und konstruktiv negative und verbesserungswürdige Dinge aufs Parkett kommen oder Persönliches geklärt wird, hat eine enorme Auswirkung auf die Qualität des Teamgeistes und der Zusammenarbeit.

Ein Team ist eine basisdemokratische Gruppe, in der alle gleich sind und alles gemeinsam entschieden wird. Jede Entscheidung muss ausdiskutiert werden und erfordert Konsens.
Sicher gibt es fundamentale Entscheidungen, die idealerweise gemeinsam getroffen und dann von allen mitgetragen werden. Was den Arbeitsalltag und sehr viele dringende Entscheidungen anbelangt, ist es sowohl im Sinne des Unternehmens als auch des Teams, wenn sie vom Teamleiter getroffen werden (wo es sinnvoll ist, nach Rücksprache mit den jeweils betroffenen Leuten oder Experten). Es ist Sache des jeweiligen Unternehmens, zu bestimmen, welche Art von Entscheidungen vom gesamten Team und welche besser von der Führungskraft zu treffen sind.

Wesentliches Merkmal eines Teams ist, dass jeder jedem jederzeit hilft und Unterstützung gibt.
Hilfsbereitschaft und Unterstützung sind zwar Bestandteile guter Teamarbeit. Aber es ist wichtig, dass jeder die eigenen Aufgaben selbstverantwortlich und in Eigenregie erledigt und so wenig wie möglich auf die Teamkollegen angewiesen ist – sonst fühlen sich andere leicht übervorteilt, was sich negativ auf das Team auswirkt. Auch übertriebene Hilfsbereitschaft kann dem Team mehr schaden als nutzen: dann nämlich, wenn jemand sich zu viel Arbeit aufbürdet und schließlich die Unterstützung aller anderen braucht, um über die Runden zu kommen.

Zweifellos hat die Organisation in Teams gegenüber der Einzelarbeit im klassischen Sinn eine Reihe von Vorteilen. So steigt das Arbeitstempo, weil die Arbeit parallel erledigt werden kann, die Informationen direkt ausgetauscht werden und keine langen Kommunikationswege bestehen. Die unterschiedlichen Fähigkeiten und Talente lassen sich viel zielgerichteter einsetzen – die Teammitglieder ergänzen einander, tauschen Know-how und Erfahrungen aus und lernen voneinander. Teams sind sehr viel flexibler, weil die Leute sich gegenseitig vertreten und Lücken schnell schließen können. Und last but not least: Die meisten Leute arbeiten gerne mit anderen zusammen – in einem guten Team zu arbeiten kann unheimlich motivieren. All das spricht unserer Meinung nach für Teamarbeit – und dafür, Energie, Zeit und Engagement zu investieren, um ein gutes und effizientes Team aufzubauen und zu erhalten.

Rahmenbedingungen und Voraussetzungen

Natürlich lässt sich gute Teamarbeit nicht einfach befehlen oder durch ein „Leitbild" heraufbeschwören. Aber Sie können sehr viel tun und in die Wege leiten, um die richtigen Weichen zu stellen. Wenn Sie und Ihre Managementkollegen dafür Sorge tragen, dass bestimmte Rahmenbedingungen geschaffen und erhalten werden, haben Sie die Basis für gute Zusammenarbeit und einen starken Teamgeist bereits gelegt. Das heißt zwar nicht, dass dann alles wie am Schnürchen läuft, aber der Boden ist bereitet, auf dem die Teams sich entwickeln und gedeihen können.

Die wichtigsten Rahmenbedingungen und Voraussetzungen für effiziente und gute Teamarbeit sind auf der Ebene der Unternehmensführung:

konstruktive Einstellung
positives Menschenbild
stimmige Unternehmenskultur
verantwortungsvolle Führung und Unterstützung
Interesse für das Team – und für jeden Einzelnen
klare Verantwortungsbereiche und Arbeitsteilung
gute und flexible Organisation
strukturierter Informationsfluss
offene Kommunikation

✓ konstruktive Einstellung
Es ist sehr wichtig, dass das Management eine positive Einstellung zu Teamarbeit hat und von deren Wert für das Unternehmen überzeugt ist. Denn die Meinungen, Urteile und Überzeugungen der Führungsmannschaft bleiben nicht ohne Einfluss: Vielmehr strahlen sie aus und beeinflussen die gesamte Belegschaft. Zum einen, weil die innere Einstellung sich in verbalen Äußerungen, Verhalten und Auftreten manifestiert – und ein Vorgesetzter, für den

Teamwork etwas Wertvolles und Erstrebenswertes ist, kann seine Leute unheimlich mitreißen und motivieren. Zum anderen, weil die eigene Einstellung natürlich einen direkten Einfluss darauf hat, welche und wie viel Unterstützung die Teams durch ihre Vorgesetzten erhalten. Zielgerichtete, verantwortungsvolle und aktive Unterstützung ist ein wesentlicher Motivations- und Erfolgsfaktor.

✓ positives Menschenbild
Selbstverantwortung und Verantwortung für die Gruppe sind ganz zentrale Elemente von geglückter Teamarbeit. Deshalb ist es wichtig, dass Sie als Führungskraft von einem positiven Menschenbild ausgehen und den Leuten das auch zutrauen, was Sie von ihnen als gute Teamplayer erwarten.

Denken Sie daran: Menschen sind soziale Wesen und sie wollen prinzipiell mit anderen gut auskommen und kooperieren. Wenn die zwischenmenschlichen Beziehungen konstruktiv sind, hat das positive Auswirkungen auch auf die Ergebnisse. Menschen wollen Verantwortung übernehmen und etwas Sinnvolles tun, sie brauchen das Gefühl, dass man ihnen etwas zutraut und dass sie anerkannt werden.

✓ stimmige Unternehmenskultur
Es hat sehr positive Auswirkungen, wenn der Teamgedanke das ganze Unternehmen durchzieht und wirklich ernst gemeint ist. Die Botschaft „Alle im Unternehmen sind wichtig!“ kann nur dann ihre ganze Kraft entfalten und die Leute über Abteilungs- und Hierarchiegrenzen hinweg zusammenschweißen, wenn dieser Aussage auch Taten folgen und die Führungskräfte entsprechend mit der ganzen Belegschaft umgehen. Es ist wichtig, dass Sie Zusammenhalt und Teamarbeit wertschätzen und belohnen – und den Teamgedanken und sich selbst nicht dadurch unterminieren, dass letztlich doch nur Einzelresultate zählen und zum Beispiel der Mitarbeiter mit den höchsten Umsatzzielen belohnt wird – obwohl er sich als Teamplayer nicht besonders bewährt.

Eine große Rolle spielt auch, wie viel Teamgeist die Führungskräfte vorleben und wie sie miteinander umgehen. Auch wenn die Belegschaft das natürlich nicht zu hundert Prozent mitbekommt, macht sie sich sehr wohl ein Bild davon – und misst das Verhalten der Managementgruppe an dem, was im Unternehmen propagiert wird und als gutes Teamverhalten gilt. Wenn sich die Mitglieder der Führungsgruppe als Team verstehen, Zusammenhalt und Sich-immer-wieder-Zusammenraufen vorleben und respektvoll miteinander umgehen, hat das Vorbildwirkung – und überzeugt die Mitarbeiter davon, dass sie es ernst meinen mit Teamarbeit und Teamgeist.

✓ verantwortungsvolle Führung und Unterstützung
Natürlich ist es ein wichtiges Ziel für Sie, dass Ihre Teams möglichst eigenständig arbeiten, Verantwortung für sich selbst tragen und nicht ständig auf Anordnungen „von oben" warten. Andererseits hat die Praxis gezeigt, dass die „sich selbst organisierenden" und komplett „selbstverantwortlichen Teams" ohne jede Führung nicht wirklich zustande kommen oder recht schnell auseinander fallen. Offensichtlich ist sowohl zu viel als auch zu wenig Führung/Leitung dem Teamgedanken abträglich. Letzteres wird nämlich leicht als Alleingelassen-Werden oder als Zeichen für mangelndes Interesse vonseiten der Vorgesetzten interpretiert und kann sehr kontraproduktiv sein.

Wie fast immer ist auch hier der goldene Mittelweg sinnvoller und erfolgreicher. Damit keine Missverständnisse aufkommen: Wir sind keineswegs für die Wiedereinführung des allmächtigen und über alles entscheidenden Chefs! Es geht darum, dass unserer Erfahrung nach auch Teams von einer klaren und effizienten Führung profitieren – und dass viele positive Seiten von Teamarbeit erst dadurch so richtig zum Tragen kommen. Starke Führung bedeutet für uns im Wesentlichen, dass eine klare Richtung und eindeutige Ziele vorgegeben, das Team zusammen- und auf Kurs gehalten, Zusammenarbeit und Kommunikation gestärkt und die Mitarbeiter sowohl einzeln als auch im Team gefördert und gefordert werden. Lesen Sie mehr dazu im 2. Kapitel.

✓ Interesse für das Team – und für jeden Einzelnen
Je motivierter und engagierter die einzelnen Teammitglieder sind – und je intensiver und reibungsloser die Zusammenarbeit zwischen ihnen abläuft, umso stärker und schlagkräftiger ist das gesamte Team. Das können Sie erreichen, indem Sie sowohl für jeden einzelnen Mitarbeiter als auch für das Team als Ganzes Interesse haben und zeigen: in Kontakt bleiben, Dialoge führen, sich kümmern usw.

Da Ihnen die Arbeitszufriedenheit der einzelnen Mitarbeiter am Herzen liegt, sollten Sie regelmäßigen Austausch mit ihnen haben, individuelle Beziehungen pflegen und dafür sorgen, dass keiner im Kollektiv untergeht. Andererseits ist es genauso wichtig, dass Sie sich für Ihr Team als Ganzes interessieren und regelmäßig mit der Gruppe in Kontakt treten.

✓ klare Verantwortungsbereiche und Arbeitsteilung
Besonders in sehr kleinen Unternehmen ist mit „Wir sind ein (gutes) Team" häufig gemeint, dass jeder alles macht und dort Hand anlegt, wo gerade Not am Mann ist. Auch wenn das nachvollziehbar ist und von vielen als angenehm empfunden wird: Teamarbeit ist es eigentlich nicht – und meistens auch nicht die sinnvollste und effizienteste Organisationsform. Um die Potenziale Ihres Teams möglichst gut auszuschöpfen – sprich das Know-how und die unterschiedlichen Fähigkeiten der Einzelnen optimal einzusetzen und zu kombinieren sowie den Workflow (siehe S. 74) so sinnvoll und reibungslos wie nur möglich zu gestalten –, ist eine klare Einteilung der Aufgaben und Zuständigkeiten einfach Gold wert. Das hat keineswegs zwangsläufig zur Folge, dass jeder sich nur noch um den eigenen Bereich kümmert und die Zusammenarbeit den Bach runtergeht. Diese Gefahr besteht nur dann, wenn ein Team keinerlei Unterstützung bekommt und der Teamgeist überhaupt nicht gepflegt wird. Wenn Sie sich um Ihre Leute kümmern und gemeinsame Sache mit ihnen machen, um die Zusammenarbeit zu verbessern und auf einem guten Level zu halten, ist Arbeitsteilung auf der ganzen Linie positiv und eine Erleichterung sowie eine Bereicherung für alle.

✓ gute und flexible Organisation
Alles, was den reibungslosen Arbeitsablauf behindert oder erschwert, kostet Zeit, Energie und Nerven – ist also belastend für die Beteiligten und kann sich negativ auf die Zusammenarbeit und den Zusammenhalt im Team auswirken. Deshalb bietet es sich richtiggehend an, alle Rahmenbedingungen – von den Arbeitsprozessen bis hin zur Personalplanung – so zu strukturieren und zu organisieren, dass sie das Arbeiten und Zusammenarbeiten erleichtern und unterstützen.

✓ strukturierter Informationsfluss
Damit die Mitglieder eines Teams unkompliziert, reibungslos und effizient zusammenarbeiten können, ist regelmäßiger beziehungsweise rechtzeitiger Austausch von relevanten Informationen erforderlich – sowohl zwischen Ihnen und Ihrem Team als auch innerhalb des Teams. Natürlich können Sie einfach darauf bauen, dass Ihre Leute Wichtiges schon verbreiten und sich gegenseitig informieren werden. Sicherer und effizienter ist es, wenn Sie als Führungskraft die Dinge in die Hand nehmen und den Informationsfluss organisieren: von verbindlichen Regeln zur Informationsweitergabe für jeden Einzelnen bis hin zu institutionalisierten Besprechungen im Team. Mehr über die organisatorischen Rahmenbedingungen erfahren Sie im 3. Kapitel.

✓ offene Kommunikation
Sinnvolle Weitergabe von Informationen ist zweifellos von fundamentaler Bedeutung. Damit ein Team wirklich gut funktionieren und immer besser werden kann, muss allerdings noch etwas dazukommen: offene und konstruktive Kommunikation, sprich Dialog, Austausch von Erfahrungen, Wünschen und Erwartungen sowie Klären von Missverständnissen, Konflikten, Unklarheiten. Wir können Sie nur dazu ermuntern, diesem Bereich besondere Aufmerksamkeit zu schenken und sich intensiv für eine offene Kommunikationskultur einzusetzen. Denn das ist letztendlich der Stoff, aus dem der Teamgeist gemacht ist – und um diesen geht es im 4. Kapitel.

Was erwarten Sie von Ihrem Team?

Und jetzt zu Ihnen: Wie stehen Sie zu Teamarbeit? Warum finden Sie Teamarbeit gut – und wollen sie einführen oder etwas unternehmen, um die Zusammenarbeit zu verbessern und zu stärken?

Natürlich ist es hilfreich und sinnvoll, sich theoretisches Wissen über Teamarbeit, gruppendynamische Prozesse und dergleichen anzueignen. Wir wissen aus eigener Erfahrung, wie anregend und erhellend die Lektüre von Fachliteratur sein kann – und haben sehr davon profitiert. Doch die besten Theorien und interessantesten Erkenntnisse nützen wenig, wenn sie nicht in die Praxis umgesetzt, an die individuelle Situation angepasst und tatsächlich gelebt werden.

Der erste und grundlegende Schritt, um von der Theorie zur Praxis zu gelangen, besteht darin, Klarheit über die eigenen Erwartungen und Vorstellungen zu bekommen. Denn Ihr Ziel ist es ja nicht, das „Team an sich" aufzubauen und zu führen, sondern „Ihr Team", also ein ganz spezifisches, das zu Ihrem Unternehmen und zur jeweiligen Aufgabe passt und die Anforderungen erfüllt, die Sie stellen. Um in den Genuss der vielen Vorteile zu kommen, die Teamarbeit zu bieten hat, sollten Sie sich nicht mit vagen und abstrakten Begriffen zufriedengeben, sondern mit klaren Definitionen und Erwartungen arbeiten. Denn dann können Sie viel leichter und besser:

- ✓ abchecken, welche Bewerber die für Sie wichtigen Teamfähigkeiten mitbringen, und die richtigen Leute einstellen;
- ✓ Ihren Leuten klar und verständlich mitteilen, welche Erwartungen Sie in punkto Kooperation und Teamarbeit haben;
- ✓ nachvollziehen und beurteilen, wie gut Ihr Team sich im Arbeitsalltag bewährt;
- ✓ Teamfähigkeit und -bereitschaft gezielt aktivieren und fördern.

Hier einige Anregungen dazu, wie Sie sich dem Thema Teamwork annähern können und mit welchen Fragen Sie sich intensiv auseinander setzen sollten:

Was stellen Sie sich unter einem Team vor? Wie definieren Sie diesen Begriff? Was unterscheidet Ihrer Meinung nach ein Team von einer ganz normalen Arbeitsgruppe?
Vielleicht sind ja nicht alle Punkte, die Sie allgemein in der Literatur oder auch in diesem Buch finden, für Sie wichtig und relevant. Vielleicht möchten Sie etwas ergänzen oder finden es sinnvoll, statt einer einzigen Definition mehrere zu erarbeiten (abhängig von den Aufgaben, Arbeitszeiten usw.).

Warum finden Sie Teamarbeit gut und positiv? Was versprechen Sie sich davon? Was bringt Teamarbeit in Ihrem Unternehmen?
Vielleicht denken Sie bei Teamarbeit an Flexibilität und Dynamik, an mehr Autorität und Entscheidungskompetenzen für die Mitarbeiter und – als Folge davon, dass die Führungskräfte mehr Zeit für ihre wesentlichen Aufgaben bekommen – an motiviertere Mitarbeiter, weil sie mehr zu sagen haben, usw. Diese Fragen sind natürlich besonders wichtig, wenn Sie Teamarbeit neu einführen möchten. Aber auch später ist es nützlich, sich regelmäßig mit ihnen auseinander zu setzen und die Situation kritisch zu hinterfragen.

Welche Erwartungen haben Sie an Ihre Mitarbeiter – speziell unter dem Gesichtspunkt Kooperation und Teamarbeit?
Machen Sie sich erst mal grundsätzlich Gedanken darüber, wie Ihre Idealvorstellungen in dieser Hinsicht aussehen. Möglicherweise finden Sie es wichtig, dass die Teammitglieder in Eigenregie Informationen weitergeben und regelmäßig Wissen und Erfahrung austauschen. Vielleicht ist all das in Ihrem Unternehmen nur von untergeordneter Bedeutung, und vielleicht erwarten Sie eher, dass jeder sofort überall einspringen und die Arbeit der Kollegen erledigen kann.

Was ist für Sie ein „guter Teamplayer“? Welche Erwartungen haben Sie an ihn? Was sollen die einzelnen Teammitglieder an persönlichen Kompetenzen einbringen?
Vielleicht sagen Sie jetzt: „Ein guter Teamplayer bringt sich selbst optimal ein und kooperiert gut mit den anderen.“ Das ist natürlich richtig, aber es kann nur die Ausgangsbasis für Ihre Überlegungen sein, das

heißt, Sie sollten Aussagen wie diese mit Leben füllen. Was Sie brauchen, sind ganz klare Vorstellungen davon, was konkret der einzelne Mitarbeiter tun (und lassen) soll, um in Ihrem Unternehmen ein guter Teamplayer zu sein. Nur dann können Sie erstens Ihre Erwartungen Ihren Leuten vermitteln (in den Bewerbungsgesprächen und dann später) und zweitens die Qualität der tatsächlich gelebten Teamarbeit bewusst erleben, prüfen und verbessern.

Am besten listen Sie alles auf, was Sie als wichtige Team-Qualitäten ansehen. Und gehen dann den einzelnen Begriffen auf den Grund. Wenn Sie beispielsweise „Hilfsbereitschaft" und „Selbstständigkeit" angeführt haben: Machen Sie sich klar, was genau Sie darunter verstehen, was also ein Mitarbeiter in der Praxis tut, um von Ihnen als hilfsbereit angesehen zu werden. Und das führt uns direkt zur nächsten Frage:

Woran merken Sie, dass die Mitglieder Ihres Teams gut oder weniger gut zusammenarbeiten?
Sie sehen schon: Diese Frage lässt sich nur dann beantworten, wenn Sie klare Vorstellungen davon haben, wie gute Teamarbeit aussieht. Vielleicht denken Sie jetzt spontan an messbare Kennzahlen wie Umsatz, Krankheitsraten, Fluktuation usw. Ohne Zweifel sind diese Dinge sehr stark mit der Zusammenarbeit und dem Betriebsklima vernetzt. Aber sie stellen keinen unmittelbaren und direkten Ausdruck der Qualität von Teamwork dar: Selbst wenn es viel Konkurrenz und sogar Streit zwischen Teammitgliedern gibt, können die Geschäftsergebnisse eine ganze Zeit lang gut ausfallen, und die Fluktuation kann sehr niedrig sein. Wenn Sie klare Vorstellungen davon haben, was Sie unter guter Zusammenarbeit verstehen und was Sie von den einzelnen Leuten erwarten, können Sie diese Frage relativ leicht beantworten.

Und auch die folgenden Fragen sind wichtig:

Welche Umgangsformen möchten Sie in Ihrem Team haben?
Welche Erwartungen und Wünsche haben Sie an Ihre Leute in punkto Höflichkeit, Manieren, Umgangston usw.?
Welche Arbeitsatmosphäre wünschen Sie sich für Ihr Unternehmen?

Wie offen sollen die Leute untereinander und mit Ihnen kommunizieren?

Wir empfehlen Ihnen, diese Fragen auch in Teammeetings mit Ihren Leuten zu diskutieren – ebenso wie in individuellen Mitarbeitergesprächen. Nutzen Sie solche Gelegenheiten, um Erwartungen zu klären, Dinge zu verbessern und das Bewusstsein für gute Zusammenarbeit und Zusammenhalt zu stärken. Teamwork ist eine lebendige Sache, und je mehr sich jeder Einzelne dessen bewusst ist, dass er einen großen Beitrag leistet und so die Qualität der Zusammenarbeit verbessern kann, umso stärker profitieren alle davon. Wenn Sie Team- und/oder Projektarbeit neu einführen wollen, sind vielleicht nicht alle sofort Feuer und Flamme. Lassen Sie sich dadurch aber nicht abschrecken: Diese Abwehrhaltung hat nur mit der ganz menschlichen Reaktion auf anstehende große Veränderungen zu tun. Wenn Sie selbst von den Vorteilen überzeugt sind und sie Ihren Leuten mit Fingerspitzengefühl und Kompetenz nahe bringen, wird der Funke auch auf Ihre Mannschaft überspringen. Last but not least sollten Sie sich auch darüber Gedanken machen, welche Erwartungen Sie an sich selbst haben:

Was ist in Ihren Augen ein guter Teamleiter?
Wie sehen Sie sich selbst und Ihre eigene Rolle?
Wie wollen Sie als Vorgesetzter von Ihrem Team gesehen werden?
Was wollen und können Sie einbringen, um das Team zu steuern?

Vielleicht sagen Sie jetzt, dass Sie Ihr Team partnerschaftlich führen und Primus inter Pares sein wollen, also der Erste unter Personen gleichen Ranges. Das hört sich sehr gut an, aber Sie sollten es nicht bei diesem oberflächlichen Statement belassen. Auch hier gilt die Maxime: Gehen Sie der Sache auf den Grund, und machen Sie sich klar, wie das in der Praxis aussehen soll, wie Sie sich verhalten, welche Art von Beziehung zu Ihren Leuten Sie aufbauen und pflegen wollen und auf welche Art und Weise dies geschehen soll. Je klarer Ihre Vorstellungen sind, umso leichter und erfolgreicher werden Sie sie auch umsetzen.

2. Ein Team braucht einen „Kopf“: der Teamleiter

Flache Hierarchien sind in vielen Unternehmen „in“, und so wird leider häufig darauf verzichtet, offiziell Verantwortung zu übertragen. In der Überzeugung, dass sich schon alles selbst regulieren wird, lässt man Teams vor sich hinarbeiten – das Ergebnis ist meist tatsächlich „kopflos“. Dabei sind Struktur und Ordnung und vor allen Dingen auch klar geregelte Verantwortungsbereiche elementar für ein Unternehmen. Ob eine derartige Struktur sinnvoll und konstruktiv oder eher hinderlich ist, hängt davon ab, wie sie aussieht und wie sie mit Leben gefüllt wird: Hierarchie an und für sich ist nichts Negatives, auch wenn es häufig so dargestellt wird.

Ein ausschlaggebender Aspekt für die erfolgreiche Arbeit in Teams ist, jemanden zu haben, der den Gesamtüberblick bewahrt, die Aktivitäten und Ergebnisse koordiniert und als allgemeiner Ansprechpartner dient. Das bedeutet nicht, dass diese Person die alleinige Verantwortung trägt oder alles alleine machen soll. Vielmehr geht es darum, auf Kurs zu bleiben, das Team zusammenzuhalten, eine positive und konstruktive Arbeitsatmosphäre zu schaffen und zu fördern. Außerdem können Synergieeffekte besser erkannt und genutzt werden.

Erwartungen, Rolle und Aufgabenbereich klären

Der Teamleiter hat einen großen Einfluss auf das gesamte Team. Und das Unternehmen, konkret: der Vorgesetzte des Teamleiters, hat zudem bestimmte Erwartungen an die neue Führungskraft. Diese Erwartungen sollten im Voraus genau abgesteckt und offen und detailliert besprochen werden. Nur dann ist es dem Teamleiter möglich, überhaupt im Sinne des Unternehmens tätig zu werden und eigene Vorschläge, Fragen oder Bedenken rechtzeitig einzubringen, anzusprechen und zu klären.

In vielen Beurteilungsbögen gibt es die Formulierung „unsere Erwartungen wurden erfüllt/nicht erfüllt“. Doch häufig ist gar nicht klar, was mit Erwartungen überhaupt gemeint ist: Das Erfüllen oder Nicht-Erfüllen ist für den Betreffenden dann eher ein „Blindflug“. Denn bewusst anstreben kann er es nicht, wenn er weder Erwartungen noch Ziele kennt. Auf diese Weise passiert es, dass Vorgesetzte unzufrieden mit einem Mitarbeiter sind oder sich gar von ihm trennen, weil er „nicht tut, was man von ihm erwartet hat“ – dabei hatten sie diese Erwartungen gar nicht vermittelt oder unerwünschtes Verhalten nie korrigiert.

Ein Beispiel: Ein Geschäftsführer führt einen Teamleitungsposten ein, um die Abteilungsleitung zu entlasten. Eine altgediente Mitarbeiterin wird zur Teamleiterin ernannt, und sie bekommt die Aufgabe, Stichproben bei den Teammitgliedern zu machen, um die Arbeitsabläufe zu verbessern und die Vertretung in Urlaubs- oder Krankheitsfällen besser zu koordinieren. Doch weder kennt sie die genauen Erwartungen und Ziele, noch erhält sie weitere Unterstützung. In der Folge entwickelt sich diese Position immer mehr zu einer „Kontrolleursstelle“ – und wird von den Mitarbeitern auch so gesehen: Die Teamleiterin prüft Arbeiten, und wenn sie Fehler findet, sucht sie das Gespräch mit den Mitarbeitern. Da sie meistens nur dann Rückmeldung gibt, wenn sie Fehler findet, und das, was gut läuft, weder sieht, noch den Mitarbeitern gegenüber erwähnt, wird die Aufgabe immer negativer, und zwar für alle Beteiligten.

Parallel dazu sind Abteilungsleitung und Geschäftsführung „enttäuscht“ von der Mitarbeiterin, weil sie ihre Aufgabe so eng sieht und sich auf Kontrolle und Fehlermeldungen beschränkt. Sie suchen jedoch nicht das Gespräch oder korrigieren den Kurs. Stattdessen geht das einige Monate so weiter: Jeder ist unglücklich mit der Situation, niemand fühlt sich wohl, keiner sagt etwas. Schließlich gibt es einen großen Krach. Und die Teamleiterin verlässt nach vielen Jahren das Unternehmen. Hier sieht man die zusätzlichen Konsequenzen, wenn es unterbleibt, Erwartungen zu klären und Feedback zu geben. In diesem Fall ging dem Unternehmen sogar eine langjährige Mitarbeiterin – und damit Know-how – verloren.

Es ist wichtig, Erwartungen im Vorfeld klar zu machen oder erneut darüber zu sprechen und sie bei Bedarf zu korrigieren. Welche persönlichen und fachlichen Erwartungen an den Teamleiter gestellt werden sollten, erfahren Sie im nachfolgenden Abschnitt. Auch in Bezug auf Ergebnisse, Verhalten, Ziele, den gesamten Aufgabenbereich gibt es Vorstellungen und Wünsche, die konkret angesprochen werden sollten.

Sehen wir uns die Hauptbereiche an:

Aufbau eines neuen Teams
Übernahme eines bestehenden Teams
Führungs- und Arbeitsergebnisse
Weiterentwicklung des Teams
Teamgeist und Zusammenhalt
Entscheidungskompetenzen
Erwartungen des Teamleiters

Aufbau eines neuen Teams

Geht es darum, ein neues Team aufzubauen, dann stellen sich im Vorfeld folgende wichtige Fragen:

Was soll das Team erreichen? Mit welchem Ziel wird es gebildet?
Ist es ein festes Team oder ein temporäres Projektteam?
Ist es ein Vollzeit-Team oder eines, das neben der „eigentlichen" Tätigkeit an etwas arbeitet?
Wie groß wird das Team sein?
Befinden sich die Teammitglieder an einem oder an verschiedenen Orten? Auf welchen Wegen sollen sie kommunizieren?
Welche Qualifikation haben die Teammitglieder idealerweise?
Handelt es sich um bereits vorhandene Mitarbeiter oder sind sie neu einzustellen? Kennen sich die Teammitglieder bereits oder sind sie sich völlig fremd?

In Bezug auf die Erwartungen an den Teamleiter heißt das auch:

Ab wann ist der Teamleiter involviert? Bereits in der Planungsphase? Ist er an der Auswahl der Teammitglieder beteiligt – ist er nur als Beobachter, beratend oder auch bei der Entscheidungsfindung aktiv dabei?

Achtung: Wenn der Teamleiter völlig neu in der Führungsposition ist und sich sein Team selbst zusammenstellen kann, prüfen Sie, nach welchen Kriterien er das tut. Es kann gut sein, dass der Freundschaftsfaktor die Auswahl bestimmt: Mit dem komm ich gut aus, den mag ich ... den bloß nicht ... Auf diese Weise kommt zwar möglicherweise Harmonie ins Team, doch die Einzelnen werden nicht unbedingt aufgrund der besten Qualifikation ausgewählt. Ganz abgesehen davon, dass sich gerade „frische“ Teamleiter oft noch viel schwerer tun, die Führung zu übernehmen, Aufgaben zu übertragen oder gar Kritik zu üben, wenn es sich um gute Freunde handelt.

Soll ein neues Team aufgebaut werden, ergibt sich eine völlig andere Ausgangslage für einen Teamleiter: Er kann nicht auf bestehenden Strukturen und bereits vorhandenem Miteinander aufbauen. Letzteres ist natürlich nicht in jedem Fall positiv: eingefahrene Strukturen können die Zusammenarbeit und Ergebnisse erleichtern, weil die Abläufe und das Miteinander eingespielt sind. Sie können durchaus auch ein Hindernis sein, wenn die Arbeit nie überprüft und optimiert wurde und man einfach „tut, was man immer schon getan hat“. Bei einem komplett neuen Team gibt es daher viele Chancen – es geht jedoch neben Struktur und fachlicher Zusammenarbeit erst einmal darum, das Team zu einem Team zu machen (siehe 3. und 4. Kapitel).

Übernahme eines bestehenden Teams

Wenn ein bestehendes Team einen neuen „Kopf" bekommt, geht das oft völlig reibungslos vonstatten. Es kann jedoch auch zu Turbulenzen kommen. Vieles davon vermag ein Unternehmen im Vorfeld zu steuern und positiv zu beeinflussen, wenn es bei der Auswahl des geeigneten Teamleiters sorgfältig vorgeht (siehe ab S. 52). Bei der Übernahme eines bestehenden Teams kommt es häufig zu folgenden zwei Entwicklungen:

✓ Das „Neue-Besen-kehren-gut-Syndrom": Ein externer Teamleiter kommt, will einen guten Eindruck machen, beweisen, dass er was drauf hat, und stößt möglicherweise seine Teammitglieder vor den Kopf, indem er sie übergeht und/oder alles besser weiß – er fällt mit der „Änderungs-Tür" ins Haus.

✓ Kommt ein interner Teamleiter, passiert unter Umständen das Gegenteil: Es geht weiter, wie gehabt, nichts wird geändert oder verbessert. Wenn der Teamleiter sehr unsicher in seiner neuen Rolle ist, sich möglicherweise im Schatten seines Vorgängers fühlt, zieht er sich vielleicht völlig in den Hintergrund zurück, um bloß nicht negativ aufzufallen und bei irgendjemandem anzuecken.

Offensichtlich wirken sich beide Extreme ungut aus: auf die Arbeitsergebnisse, das Ansehen des Teamleiters und natürlich auf das Team selbst. Ein Führungswechsel in einem Team kann dazu führen oder auch bewusst dafür genutzt werden, dass sich allgemein etwas ändert: Vielleicht ist es sinnvoll, das Team an sich neu zu formieren, Arbeitsabläufe zu hinterfragen und umzugestalten, um neue Anforderungen gut zu bewältigen. Wichtig ist auch, sich darüber Gedanken zu machen, was bereits gut läuft und bewahrt beziehungsweise gefördert werden sollte. Der Vorgesetzte setzt sich am besten mit dem neuen Teamleiter zusammen, um intensiv über die momentane Situation zu sprechen, seine Erwartungen zu vermitteln – zu erfahren, inwiefern es Fragen oder Befürchtungen gibt. Und um dem neuen Teamleiter beratend zur Seite zu stehen.

Führungs- und Arbeitsergebnisse

Ein Unternehmen überträgt seinen Teamleitern „Umsatzverantwortung“ – ohne sie jedoch in die Zielfindung einzubinden oder die Umsatzziele bekannt zu machen: Kurz vor Monatsende wird eine bestimmte Zahl genannt, die zum Erreichen des Ziels fehlt, und die Leute werden daran erinnert, dass die Verantwortung bei ihnen liegt. Die Teamleiter interpretieren dies unterschiedlich. Teamleiter A setzt seine Leute unter Druck, treibt sie an und erinnert sie, dass „er Ärger kriegt“, wenn das Teamziel verfehlt wird. Teamleiterin B macht Überstunden wie eine Wahnsinnige, um möglichst alleine die nötigen Zahlen zu realisieren und ihre Teamkollegen nicht belasten zu müssen, denn diese tun ja schon, was sie können. Teamleiter C macht die Zahlen publik, und gemeinsam versuchen sie ihr Bestes. Wenn sie es erreichen: gut. Wenn nicht: auch gut. Mehr als arbeiten geht nicht.

Aus diesem Beispiel geht hervor, welche Schwierigkeiten auftreten können, wenn jemandem einfach mal eben Umsatzverantwortung übertragen wird oder diese nicht klar definiert ist. Auch ist es für das gesamte Team nachteilig, wenn der Eindruck entsteht, die alleinige Verantwortung für die Arbeitsergebnisse liege bei den Teamleitern.

In punkto Erwartungen an Führungs- und Arbeitsergebnisse gilt es zu konkretisieren:

Wie weit geht die Personalverantwortung des Teamleiters und welche Bereiche bleiben weiterhin bei seinem Vorgesetzten?
Es kann sein, dass Sie eine bestehende Abteilung in kleinere Gruppen teilen oder dass sich eine Projektgruppe bildet. Vielleicht soll hier nicht die gesamte Personalverantwortung auf den Teamleiter übergehen, sondern lediglich klar umrissene Bereiche wie: An- und Abwesenheit regeln, Einarbeitung neuer Mitarbeiter, direkter Ansprechpartner für die Teamkollegen für unmittelbare Fachfragen. Eventuell wollen Sie die volle Personalverantwortung übergeben – mit Ausnahme der Gehaltsthemen.

Was genau wird in Bezug auf Mitarbeiterführung vom Teamleiter erwartet?
Jedes Unternehmen hat einen bestimmten Stil und bestimmte Vorstellungen von Mitarbeiterführung. Damit dieser Unternehmensgeist auch umgesetzt wird, ist es wichtig, den Teamleitern zu vermitteln, welche Art von Mitarbeiterführung erwartet wird und erwünscht ist. Interessanterweise machen sich die wenigsten Unternehmen Gedanken darüber. Denken Sie daran, dass es um konkrete Inhalte geht. Pauschale Aussagen und Etiketten wie „kooperativer Führungsstil" bringen nicht viel – denn hier gibt es zu viel Interpretationsspielraum: Was genau beinhaltet ein kooperativer Führungsstil, wie äußert sich dieser im Arbeitsalltag und was bedeutet das für die Führungskraft und für die Mitarbeiter? Sie werden sehen: Gerade die vermeintlich einfachen und gängigen Begriffe werden plötzlich komplex, wenn man sie hinterfragt und näher erklären soll.

Welche Arbeitsergebnisse werden vom Teamleiter erwartet – in seinem eigenen Bereich und auf das gesamte Team bezogen?
Ein Teamleiter wird sowohl auf der Grundlage seiner eigenen Leistungen (z. B. Qualität der Ideen, die er einbringt) als auch der Leistungen seines Teams (z. B. Umsatzergebnisse) beurteilt. Dabei wird man bestimmte Erwartungen und Ziele an die unmittelbare Arbeit/Leistung des Teamleiters haben. Und man wird die Teamleistung zum Teil ebenfalls als Erfolgsmaßstab nehmen. Auch diese Bereiche, Erwartungen und Ziele müssen konkret gemacht werden, denn wer die Erwartungen nicht kennt, der kann nicht auf sie hinarbeiten.

Eine kleine Anekdote, um zu verdeutlichen, wie schnell sich unrealistische Erwartungen einschleichen können: Ein Unternehmen beschließt, eine Abteilung zu gründen, die sich speziell um das Neukundengeschäft kümmern soll. Von dieser Maßnahme verspricht man sich eine deutliche Umsatzsteigerung. Es wird ein Projektplan der Maßnahmen erstellt, die das neue Team im Laufe des Jahres ergreifen soll, und entsprechende Umsatzerwartungen werden hochgerechnet. Fatalerweise soll das Team die errechnete monatliche Umsatzerhöhung laut Budget bereits vom ersten Monat an erbringen.

Das ist natürlich vollkommen unrealistisch: Denn abgesehen davon, dass das Team erst einmal gebildet werden muss, führt eine Werbemaßnahme nicht von Tag eins an zu einem Umsatzplus. Es ist wichtig, auf dem Boden der Tatsachen zu bleiben: Wenn jemand bereits mehr als genug mit seinem „eigentlichen“ Aufgabenbereich zu tun hat und selbst zu hundert Prozent ins Alltagsgeschäft eingebunden ist, bleibt nicht genug Zeit und Energie, um die Leitungsposition gut und effizient auszufüllen. Ganz besonders dann nicht, wenn diese sehr viel Zeit beansprucht und eine Reihe von Aufgaben umfasst – Rückfragen aller Teammitglieder, Verwaltungs- und Koordinationsaufgaben usw. Achten Sie bei der Verteilung neuer Aufgabenbereiche auf bereits vorhandene Tätigkeitsbereiche und Auslastung sowie auf angemessene Zeitplanung. Dies gilt sowohl für feste Teams als auch für Projektteams.

Wie werden die Leistungen in diesen Bereichen messbar gemacht?
Dieser Punkt ist einer der elementarsten – und gleichzeitig eine gute Prüfinstanz für die Pläne und Vorhaben. Legen Sie jedes einzelne Ziel, das dem Teamleiter und seinem Team gesetzt wird, auf die Goldwaage, und beantworten Sie die Frage: „Wie machen wir dieses Ziel messbar?“ Denn nur dann wissen Sie auch, ob und wann es erreicht oder übertroffen ist.

Der einfachere Teil sind die „Zahlenziele“, also alle Bereiche, die mit Zahlen oder Prozentsätzen berechnet werden können. Sofern es vom Aufgabengebiet her sinnvoll ist, kann man bestimmte Umsatzziele in Euro vereinbaren oder aber eine Steigerung von x Prozent bezogen auf das Vorjahr. Auch andere Bereiche lassen sich in Zahlen ausdrücken: Bei hohem Krankenstand kann man als gemeinsames Ziel die Senkung der Krankheitstage um xy Prozent ins Auge fassen. Natürlich kann ein Teamleiter nicht beeinflussen, ob jemand krank wird. Doch wenn eine konstruktive Atmosphäre herrscht, wenn sich die Mitarbeiter mit ihrem Beruf identifizieren, wichtig für das Unternehmen sind (und sich so fühlen), gehen Mitarbeiter gerne in die Arbeit und werden tatsächlich auch seltener krank beziehungsweise lassen sich nicht so schnell krank schreiben.

Nicht so einfach ist auf den ersten Blick das Erfassen der „weicheren" Ziele. Doch auch wenn man als Ziel „bessere Kommunikation" oder „Loyalität" usw. vereinbart, muss man sich fragen:

Woran machen wir diesen Punkt fest?
Wann erkennen wir, dass wir das Ziel gut verfolgen/erreichen?
Und schließlich: Welche dieser Aspekte legen wir als messbar zugrunde? Und in welcher Form?

Wenn Sie merken, dass Sie selbst Schwierigkeiten damit haben, ein Ziel greifbar zu machen, dann formulieren Sie das Ziel um oder überlegen Sie, ob man es in sinnvollere Unterziele aufsplitten kann.

Tipp: Es ist sehr wichtig, den Teamleiter bei diesen Zielvereinbarungen mit einzubeziehen und gemeinsam mit ihm auch zwischendurch die Fortschritte zu prüfen oder Hindernisse zu besprechen. Achten Sie darauf, dass ein enthusiastischer neuer Teamleiter sich nicht mit Zielen übernimmt – oft wird man aus mangelnder Erfahrung zu überschwänglich und setzt sich unrealistische Ziele. Diese hören sich zwar gut an und motivieren anfangs ungemein, kehren sich jedoch schnell in ein Gefühl des Misserfolgs oder Scheiterns um, selbst wenn man im Nachhinein erkennt, dass sie nicht erreichbar waren.

Für Ziele gilt: Weniger ist mehr. Lieber die Ziele priorisieren, sich weniger vornehmen und das tatsächlich umsetzen, den Erfolg feiern – und dann den nächsten Schritt machen. Auf diese Weise passiert mehr als mit großen Plänen, die oft in Aktivitäten, aber leider nicht immer in Ergebnissen münden.

Weiterentwicklung des Teams

Ein wesentlicher Bestandteil von Mitarbeiterführung ist die aktive Weiterentwicklung der eigenen Leute und des Teams selbst. Interessanterweise wird auch das oft dem Zufall überlassen. Allenfalls gibt es eine Grundsatzregelung à la „Personalverantwortung schließt die Weiterentwicklung der Mitarbeiter ein“ oder ein Budget für Fortbildung, und das war es dann.

Doch es geht keineswegs nur um Weiterbildung, auch wenn diese natürlich eine Rolle spielt, sondern auch um Fortschritte in punkto Zusammenarbeit, Organisation der Arbeitsabläufe, gemeinschaftliches Know-how und Teilen von Wissen, voneinander Lernen, sich aufeinander Abstimmen, gute Kommunikation und und und. Mit der kontinuierlichen Weiterentwicklung einzelner Teammitglieder und eines gesamten Teams ist es wie mit anderen Zielen: Wenn man weiß, wo man hin möchte, erreicht man es nicht nur überhaupt leichter, sondern auch schneller. Denn nur dann kann man gezielte Schritte planen und umsetzen. Der Teamleiter und idealerweise auch sein Vorgesetzter sollten sich also auch darüber Gedanken machen:

- ✓ In Bezug auf das gesamte Team: Wo möchten wir hin? Wo gibt es momentan Defizite in der Zusammenarbeit? Wo gibt es fachliches Verbesserungspotenzial, zum Beispiel in Bezug auf Arbeitsabläufe, Schnittstellen? Was ist gut, was wollen wir bewahren oder noch weiter verbessern?

- ✓ In Bezug auf einzelne Teammitglieder: Wo hat die bestimmte Person Stärken, wo hat sie Potenzial? Wo gibt es Defizite – inwiefern? Was ist der Plan? Besonders für den letzten Punkt bieten sich Werkzeuge wie formelle Mitarbeitergespräche an.

Für die kontinuierliche Weiterentwicklung im Team ist es wichtig, die Mitarbeiter aktiv mit einzubeziehen, um mit ihnen „gemeinsame Sache“ zu machen.

Teamgeist und Zusammenhalt

Die Grundlage für diese weitere wichtige Aufgabe jedes Teamleiters sind die Überlegungen dazu, wie Team und Teamwork im jeweiligen Unternehmen definiert werden und was man sich davon erwartet (siehe 1. Kapitel). Jeder Teamleiter hat sehr großen Einfluss darauf, ob ein Team ein Team ist, ob die Mitarbeiter wirklich miteinander – oder nur nebeneinander, schlimmstenfalls gegeneinander – arbeiten: durch seine Person, sein Auftreten, sein Verhalten, kurz gesagt durch alles, was er sagt und tut. Und diesen Einfluss sollte eine Führungskraft natürlich im positiven Sinne aktiv und bewusst nutzen. Klären Sie auch Ihre Erwartungen in punkto Teamarbeit und Teamgeist. Im 4. Kapitel erfahren Sie mehr dazu (ab S. 107).

Entscheidungskompetenzen

Für alle Beteiligten ist es gut, sich bei Entscheidungen abzustimmen und eine ebenso klare wie sinnvolle Regelung zu treffen. Beispiele:

(1) Wenn ein Team vom Teamleiter immer zu hören bekommt, dass alles mit dem Vorgesetzten abgestimmt werden muss, dann wird bald die Frage auftreten, wozu es den Teamleiter überhaupt gibt – und die Mannschaft wird wahrscheinlich versuchen, direkte Antworten und Entscheidungen zu bekommen, und den Teamleiter umgehen.

(2) Manche Chefs beklagen sich, dass ihre „nächste Ebene“, die Teamleiter, keine eigenen Entscheidungen treffen. Häufig liegt das jedoch daran, dass sie selbst deutlich signalisieren, über alles im Vorfeld Bescheid wissen zu wollen, oder aber im Nachhinein an jeder Entscheidung rummäkeln.

(3) Doch es gibt auch den umgekehrten Fall: Teamleiter, die alles entscheiden, und selbst Bereiche, die abgesprochen werden müssen, einfach in Eigenregie managen.

Damit es nicht zu Missverständnissen oder gar Unmut kommt, ist es gut, sich rechtzeitig über folgende Fragen zu verständigen:

Welche Entscheidungen kann der Teamleiter völlig selbstständig treffen?
Bei welchen Entscheidungen möchte der Vorgesetzte Bescheid wissen (nur um informiert zu sein)?
Für welche Entscheidungen ist auf jeden Fall eine vorherige Absprache mit dem Vorgesetzten nötig?

Aufgabenbereiche entwickeln sich natürlich weiter – und auch der Teamleiter wächst idealerweise mit. Dann sollte man die Rahmenbedingungen neu vereinbaren und den Verantwortungsbereich gegebenenfalls erweitern. Durch klare Vereinbarungen und enge Zusammenarbeit – gerade in der Anfangszeit – stellt man sicher, dass der Teamleiter sich nicht überfordert fühlt. Darüber hinaus kann man sich aufeinander einstimmen und später „blind“ aufeinander verlassen. Außerdem ist eine spätere Ausweitung der Entscheidungskompetenzen gleichzeitig eine schöne Perspektive für den Teamleiter.

Erwartungen des Teamleiters

Besonders bei Mitarbeitern, die neu in der Führungsposition sind, spielt Unsicherheit eine große Rolle: Häufig werden die Erwartungen an sich selbst viel zu hoch geschraubt, und gerade selbstkritische Mitarbeiter sind oft regelrecht ungnädig zu sich selbst. Helfen Sie neuen Teamleitern auch dabei, sich realistische Ziele zu setzen und nicht zu streng mit sich zu sein. Unserer Erfahrung nach gibt es folgende zwei Fehleinschätzungen, denen frisch gebackene Führungskräfte besonders gerne aufsitzen:

Ich muss immer alles wissen und können.
Ein guter Teamleiter muss selbstverständlich gute fachliche Grundlagen haben und die persönlichen Voraussetzungen für die Position mitbringen. Er muss aber keinesfalls alles wissen oder können – das ist gar nicht möglich. Vielmehr ist es wichtig, sich selbst gut zu kennen

und auch die eigenen Grenzen zu sehen. Wer etwas nicht weiß, kann sich die Antwort woanders holen. Wer etwas nicht kann, sollte das zugeben – und je nachdem, worum es geht, es entweder lernen oder einen Mitarbeiter hinzuziehen, der über die entsprechende Fähigkeit verfügt. Ein guter Teamleiter erkennt die Leistung anderer an und versucht nicht, selbst als perfekt dazustehen.

Ich muss immer bester Laune sein.
Darunter leiden tatsächlich sehr viele neue Teamleiter: In der Annahme, dass sie immer „gut drauf" sein müssten, gestehen sie sich keine neutrale Stimmung mehr zu – und wenn sie mal wirklich schlecht drauf sind (ärgerlich, traurig oder krank), dann verbergen sie ihre Gefühle hinter einer unbeschwerten Maske.

Helfen Sie Ihren Mitarbeitern auch in dieser Beziehung, und vermitteln Sie ihnen, dass es nicht darum geht, keine menschlichen Regungen mehr zu zeigen: Dass sie selbstverständlich auch einmal schlechter Stimmung sein dürfen. Wichtig ist, den Kollegen zu signalisieren, dass es nicht an ihnen liegt. Und dass es nicht darin ausarten darf, seine Launen an anderen auszulassen. Es geht nicht darum, ein Supermann zu sein. Unterstützen Sie Ihre Teamleiter dabei, ihre Rolle gut ausfüllen zu können. Ein gutes Fundament legen Sie, indem Sie gemeinsam die Erwartungen klar machen und Ziele vereinbaren. Halten Sie Kontakt mit Ihrem Teamleiter, geben Sie ihm Rückmeldung darüber, wie zufrieden Sie mit seiner Leistung sind, und coachen Sie ihn bei Unklarheiten.

Wenn Sie Ihr Feedback zur Leistung abgeben, ist es wichtig, das konkret und anhand von Beispielen aus dem Arbeitsalltag zu tun. Weder ein „Wenn ich nicht schimpfe, ist alles okay" noch ein „Sie machen alles sehr gut" sind geeignet, denn mit derlei Feedback hängt man letztendlich in der Luft. Sagen Sie vor allem immer zeitnah und direkt, was Sie gut finden und weswegen – und wenn Sie Anlass zu negativem Feedback haben, erklären Sie, was Ihnen nicht gefällt, aus welchen Gründen und wie es Ihrer Meinung nach sein sollte. Nur dann hat Ihr Teamleiter die Möglichkeit, mit dem Feedback zu arbeiten und sich –

ebenso wie das Team – stetig zu verbessern. Unterstützen Sie Ihren Teamleiter gerade in der Anfangszeit auch auf andere Weise. Details dazu finden Sie ab Seite 58.

Welche Eigenschaften braucht ein guter Teamleiter?

Abgesehen von fachlichem Know-how ist die Persönlichkeit des Teamleiters sehr wichtig. Unter dem Stichwort soziale Kompetenz wird eine ganze Menge von Eigenschaften zusammengefasst. Wenn Sie einen Teamleiter aus einer bestehenden Mannschaft auswählen oder einen externen Bewerber einstellen, sollten Sie ganz spezifisch festlegen, was Sie sich an persönlichen und fachlichen Qualitäten erwartet. Im 5. Kapitel gibt es hilfreiche Tipps dazu; dort wird das ganze Thema Mitarbeiter-Auswahl näher erläutert, und Sie finden auch Richtlinien für eine Stellenbeschreibung (ab S. 135). Um ein Profil für einen Teamleiter zu erstellen, berücksichtigen Sie am besten folgende Kriterien:

✓ die Eigenschaften/Fähigkeiten, die generell für eine Führungskraft wünschenswert oder im Management/bei Personalverantwortung elementar sind;

✓ die persönlichen und fachlichen Kenntnisse und Fähigkeiten, die speziell für das eigene Unternehmen/die konkrete Position wichtig/wünschenswert sind.

Unterscheiden Sie Ihre Erwartungen nach Muss- und Kann-Kriterien. Es gibt bestimmte, einfach unverzichtbare Eigenschaften, bei denen Sie keinerlei Kompromisse eingehen sollten. Wenn es um Mitarbeiterführung geht, zählt dazu beispielsweise das grundsätzliche Interesse an anderen Menschen. Wer sich lieber um seine eigenen Sachen kümmert und die Anliegen anderer oder auch die persönliche Ebene der Zusammenarbeit eher als lästig empfindet, der ist in einer Führungsposition fehl am Platze.

Elementare Eigenschaften für einen Teamleiter

Vorausgeschickt: Das ultimative Eigenschaftsprofil, das auf jede Person und jede Situation zutrifft, existiert nicht. Zum einen, weil es immer verschiedene Wege gibt, eine Aufgabe zu lösen und Ergebnisse zu erzielen. Zum anderen, weil der Tätigkeitsbereich, die Mitarbeiter, das Umfeld eine wesentliche Rolle spielen. Dennoch gibt es grundlegende Eigenschaften und Fähigkeiten, die wünschenswert sind:

Situationen analysieren, erfassen und abwägen können
Entscheidungen treffen und dahinter stehen können
Kommunikationsvermögen
Beweglichkeit
Einfühlungsvermögen
Berechenbarkeit
aufmerksam und konzentriert sein
realistisch, positiv und lösungsorientiert sein

Was ist damit gemeint?

✓ Situationen analysieren, erfassen und abwägen können
Ein Teamleiter ist in vieler Hinsicht gefragt: Fachlich und menschlich kommen die unterschiedlichsten Situationen auf ihn zu. Diese erfordern einen klaren Überblick und die Fähigkeit, verschiedene Möglichkeiten und Auswirkungen gut abzuwägen. Mit einem eingeschränkten Blickwinkel läuft man dagegen Gefahr, Konsequenzen nicht zu sehen oder ganze Bereiche links liegen zu lassen.

✓ Entscheidungen treffen und dahinter stehen können
Ein Teamleiter muss in der Lage sein, Entscheidungen zu treffen: Diese Fähigkeit trifft sich idealerweise mit den oben genannten. Nicht immer stehen einem zum Zeitpunkt einer Entscheidung alle Informationen zur Verfügung – deshalb gehört neben einem hohen Maß an Eigenverantwortung auch eine gewisse (kontrollierte) Risiko-

freude mit dazu. Und es ist wichtig, hinter den eigenen Entscheidungen zu stehen. Auch wenn sie sich im Nachhinein einmal als nicht so gut oder gar als Fehlentscheidungen herausstellen sollten. Daraus leitet sich ab, dass ein guter und glaubwürdiger Teamleiter auch in der Lage ist, Fehler zuzugeben. In einer leitenden Position kommt man einfach nicht darum herum, ab und zu unpopuläre Entscheidungen zu treffen. Viele Menschen, gerade frisch gebackene Teamleiter, haben damit ihre Schwierigkeiten: Sie befürchten, dass man sie als Person nicht mehr mag oder gar meidet, wenn sie für etwas Unpopuläres eintreten. Natürlich gibt es Themen, bei denen die Mitarbeiter nicht vor Freude auf dem Tisch tanzen. Dann kommt es darauf an, wie eine Entscheidung getroffen, vermittelt und auch vertreten wird.

Übrigens bewerten Mitarbeiter sehr wohl auch die „Qualität“ und Glaubwürdigkeit eines Vorgesetzten danach, wie dieser mit unpopulären Themen umgeht. Diese schönzureden oder gar komplett zu umgehen, wirkt sich auf das Ansehen und die Anerkennung (nicht nur) in leitender Funktion negativ aus.

✓ Kommunikationsvermögen
Kommunizieren ist das A und O für eine gute und reibungslose Zusammenarbeit, für fachliches und menschliches Miteinander. Es geht nicht darum, gute Kommunikation auf Sprachgewandtheit und Rhetorik zu reduzieren und als einziges Ziel etwa eine makellose Sprache anzustreben. Sondern darum, offen und konstruktiv mit der eigenen Mannschaft zu sein – um Barrieren oder Missverständnisse zu vermeiden oder abzubauen und zu klären. Ein Teamleiter braucht für alle Aspekte seiner täglichen Arbeit gute Kommunikationsfähigkeiten und sollte insbesondere:

- für guten und regelmäßigen Informationsfluss sorgen
- Inhalte/delegierte Aufgaben eindeutig erklären/vermitteln
- sich verständlich und klar ausdrücken
- Gespräche strukturieren und aufbauen
- konstruktiv und zielgerichtet kommunizieren
- auf andere Menschen individuell und situationsgerecht zugehen

✓ Beweglichkeit
Hiermit ist gemeint, dass der Teamleiter selbst und im Umgang mit seiner Aufgabe beweglich bleibt und:

- sich kontinuierlich (und konstruktiv) selbst hinterfragt, sich weiterentwickelt,
- sich auf Veränderungen und neue Situationen/Abläufe einstellen kann,
- offen für andere Vorgehensweisen/Arbeitsabläufe/Ideen bleibt.

✓ Einfühlungsvermögen
Ein Teamleiter muss eine Situation von verschiedenen Standpunkten aus betrachten können. – Grundvoraussetzung dafür ist, dass er sich beispielsweise bereit zeigt herauszufinden, welche Motivation hinter einem bestimmten Verhalten steckt. Wie die Umstände zu einem bestimmten Verhalten/einer Situation aussehen. Wer es schafft, sich auf unterschiedliche Situationen und Beweggründe einzulassen, bekommt einen Wissensvorsprung und kann zielgerichteter Entscheidungen treffen und kommunizieren.

✓ Berechenbarkeit
Vielleicht überrascht es Sie, dass ein Teamleiter berechenbar sein sollte: Damit ist gemeint, dass er einschätzbar ist. Denn Unberechenbarkeit in Entscheidungen, Verhalten und Stimmungen vergiftet das Klima und kann dazu führen, dass das Team gelähmt wird. Ein gutes, wenn auch extremes Beispiel hierfür sind cholerische Führungskräfte: Mitarbeiter können nicht einschätzen, wie der Chef sich verhalten wird – findet er eine Sache positiv oder explodiert er auf der Stelle? Auch ein Heute-so-morgen-so-Verhalten ist kontraproduktiv und bindet Energien – und letztlich Engagement. Strategie und Person müssen verlässlich und stimmig sein.

✓ aufmerksam und konzentriert sein
Ein guter Teamleiter ist in jeder Situation aufmerksam, nimmt Informationen konzentriert auf und lässt sich auf das Thema ein. Wenn der Zeitpunkt gerade ungünstig, man mit anderen Dingen

beschäftigt ist oder unter Zeitdruck steht, dann ist es besser, das Gespräch zu verschieben – anstatt buchstäblich nur mit einem halben Ohr hinzuhören. Wer konzentriert bei der Sache ist, wird sich später an Inhalte und Entscheidungen leichter erinnern. Das wiederum macht die Arbeit für alle Beteiligten reibungsloser.

Beispiel: Ein Vorgesetzter hatte immer so viele Dinge gleichzeitig im Kopf und „in der Mache“, dass er regelmäßig ganze Gespräche einfach vergaß. Während er Informationen oder Fragen von Mitarbeitern bekam, öffnete er die Post, las E-Mails oder dachte an andere Projekte. Dazu kam, dass dieser Teamleiter nicht einfach zugab, etwas vergessen zu haben, sondern häufig das Gegenteil dessen behauptete, was er in früheren Gesprächen gesagt oder entschieden hatte. Frustrierend für die Mitarbeiter: nicht nur, weil sie ihren Ohren nicht trauten, dass aus Hü plötzlich Hott wurde, sondern auch, weil sie aufgrund der ursprünglichen Entscheidung bereits aktiv geworden waren – umsonst! Auf Dauer litten Glaubwürdigkeit und Image dieser Führungskraft enorm.

✓ realistisch, positiv und lösungsorientiert sein
Positiv zu sein bedeutet nicht, die rosarote Brille aufzusetzen. Selbstverständlich ist es wichtig, realistisch zu bleiben – und eine gleichzeitig positive Grundhaltung einzunehmen. Oder wie schätzen Sie eine Führungskraft und deren Eindruck auf ein Team ein, die ständig jammert, dass nichts einen Sinn hat oder dass die Dinge sowieso nicht so laufen werden, wie gedacht ... Ganz wichtig ist es, dass es keinesfalls darum geht, Dinge schönzureden. Damit verliert man sehr schnell die Glaubwürdigkeit bei seinen Mitarbeitern – zu Recht. Eine lösungsorientierte Haltung ist gefragt.

Ein Beispiel: Ein Team ist chronisch unterbesetzt, die Arbeit stapelt sich, und keiner sieht irgendeine Perspektive. Nun kann die Führungskraft sagen: „Hervorragend, dass wir so viele neue Kunden gewonnen haben, das sichert uns gute Umsätze. Auch mit zu wenig Leuten schaffen wir das schon, weil ihr so gut seid.“

Klar ist es schön, dass neues Geschäft reinkommt, und es ist auch schön, dass die Mitarbeiter hoch eingeschätzt und gelobt werden – aber das kann auch nach hinten losgehen: „Mist! Noch mehr Arbeit. Und gelobt werden wir nur, damit wir bei der Stange bleiben." Ganz anders ist das Signal, wenn man die unguten Aspekte der Situation ebenfalls zur Sprache bringt und sich um Lösungen kümmert – in unserem Beispiel so viele neue Mitarbeiter in Aussicht stellt und dann auch einstellt, dass die Arbeit sinnvoll zu schaffen ist. Dies, verknüpft mit dem Hinweis auf gute Umsatzlage und einem ehrlich gemeinten Lob ist realistisch und positiv.

Alle diese Eigenschaften lassen sich lernen oder verstärken. Zwar wird immer wieder einmal von der „geborenen Führungskraft" gesprochen, doch keine Sorge: Es ist keineswegs so, dass man „es hat oder eben nicht". Das bringt uns zur Ausstrahlung: zum Charisma. Es gibt Menschen, die eine sehr starke, positive und mitreißende Ausstrahlung haben. Sie machen Eindruck. Eine gute Ausstrahlung hängt davon ab, wie man sich selbst sieht und einschätzt. Und wie man Dinge anpackt und mit anderen umgeht. Je mehr man sich selbst schätzt und auf seine Fähigkeiten vertraut, desto aktiver ist man – und umso besser kommt man bei anderen an. Je intensiver und konstruktiver die zwischenmenschlichen Beziehungen sind, desto mehr steigt das eigene Selbstwertgefühl und damit wiederum die Ausstrahlung.

Konkrete Kenntnisse und Fähigkeiten für die Position und das Unternehmen

Zu den grundlegend vorteilhaften Eigenschaften für einen Teamleiter kommen jeweils ganz spezifische Anforderungen – abhängig von der konkreten Aufgabe, dem Unternehmensgeist, dem Team usw. Gewinnen Sie möglichst viel Klarheit zu folgenden Fragen:

Was bringt die Tätigkeit mit sich?
Welche Art von Qualifikation, welche Persönlichkeit und welches Verhalten sind dafür erforderlich/wünschenswert und passen ins Unternehmen?

Ein Beispiel dafür, warum Klarheit und Ehrlichkeit so wichtig sind: Angenommen, ein Unternehmen erwartet von seinen Führungskräften, dass diese aktiv eigene Ideen einbringen. Gleichzeitig ist das Unternehmen jedoch eher statisch und verharrt gerne und bewusst in bewährten Abläufen und Strategien. Der aktive und ideenreiche Teamleiter wird sehr schnell frustriert sein, wenn er mit seinem Engagement ständig gegen eine Wand läuft – und das bleibt natürlich nicht ohne Auswirkungen auf das ganze Team, die Atmosphäre und die Arbeitsergebnisse.

Wie oben bereits erwähnt, ist es wichtig, die fachlichen Anforderungen von den persönlichen sauber zu trennen – und diese auf die konkrete Funktion abzustimmen. Dabei spielt es natürlich eine Rolle, ob es sich um ein festes Team oder ein Projektteam, ein Team auf Zeit, handelt. Sitzen die Teammitglieder am selben Ort und haben sie Gelegenheit zum persönlichen Austausch, oder sind die Teammitglieder an verschiedenen Orten – und die Zusammenarbeit muss auf anderen Wegen laufen? Welche konkreten Aufgabenbereiche und Entscheidungskompetenzen soll der Teamleiter haben?

Beispiel: Ein Unternehmen mit mehreren Niederlassungen – auch im Ausland – möchte seine Geschäftsprozesse miteinander vergleichen, internes Benchmarking betreiben und die Abläufe (auch computertechnisch) auf diese Weise optimieren. Das Projekt wird während der normalen Arbeitszeiten und im Rahmen des Alltagsgeschäfts laufen (keiner der Projektteilnehmer wird dafür freigestellt). Außerdem soll es in jeder Niederlassung Projektleiter geben. Wichtig ist nun

- ✓ festzulegen, worin genau die Aufgaben des Projektleiters bestehen sollen: beispielsweise die Dokumentation bestimmter lokaler Arbeitsweisen, das Führen von Besprechungen, die Koordination mit Kollegen aus dem Ausland.

- ✓ Davon abgeleitet werden die fachlichen Anforderungen: Da es auch um Computer-Abläufe geht, ist festzulegen, ob der Projektleiter sinnvollerweise fit im Computerprogramm sein soll oder ob es ausreicht, dass sich ein Projektmitarbeiter damit auskennt. Da mit dem Ausland kommuniziert wird, muss entschieden werden, welche Sprache der Projektleiter zu beherrschen hat und wie gut. Vielleicht werden bestimmte Anforderungen an die Dokumentation gestellt, beispielsweise das Beherrschen von Excel für Tabellen und Charts. Da schriftlich kommuniziert werden muss und Berichte zu verfassen sind, ist es vorteilhaft, jemanden zu haben, der sich mit dem Schreiben von Berichten und Vermitteln von Inhalten leicht tut und gewandt schreiben kann.

✓ Das ideale Persönlichkeitsprofil: Zu den oben aufgezählten idealen Grundlagen für einen Teamleiter kommen projektbezogene Eigenschaften dazu: Beispielsweise ist es vorteilhaft, wenn der Projektleiter gut mit anderen zurechtkommt und im Kollegenkreis geschätzt wird. Außerdem möchte man für das Projekt jemanden mit einer schnellen Auffassungsgabe haben, der quer denken kann und und und.

  Zu berücksichtigen ist auch die Tatsache, dass die Projektleitung zusätzlich zum normalen Alltagsgeschäft erfolgen muss: Deshalb ist es wichtig, bei der Auswahl zu beachten, dass die Person die zusätzliche Belastung auch bewältigen kann, oder Lösungen dafür zu finden, dass dies gewährleistet ist.

Natürlich ist das wiederum eine Wunschliste. Die Wahrscheinlichkeit, dass jemand alle diese Aspekte erfüllt, ist möglicherweise nicht sehr hoch. Doch nur, wenn das Profil gewissenhaft erstellt wird, kann man eine überlegte Entscheidung treffen, wer am besten als Projektleiter geeignet ist – und alle erforderlichen Fortbildungsmaßnahmen usw. rechtzeitig in die Wege leiten.

Vorsicht vor Schlagwort-Dropping

Teamfähig, kommunikativ, flexibel, belastbar, innovativ ... die Liste von erwünschten Eigenschaften ist lang – und leider meistens nicht sehr konkret, sodass es schnell zu Missverständnissen kommen kann:

Ist mit belastbar gemeint, möglichst viele Überstunden zu schieben – oder geht es darum, viele Dinge gleichzeitig erledigen zu können? Geht es bei der Flexibilität darum, sich ständigen Veränderungen gut anzupassen – oder ist es vielleicht nur eine leere Worthülse, die man in das Profil aufnimmt, weil „man“ heutzutage einfach flexibel sein sollte? Soll ein kommunikativer Mitarbeiter besonders gern mit fremden Leuten Kontakt aufnehmen und sprechen – oder geht es eigentlich um Sprachgewandtheit und Rhetorik?

Tipps zum Umgang mit derartigen Schlagworten:

✓ Fangen Sie immer mit dem Aufgabenbereich/den Tätigkeiten an, und leiten Sie davon ab, wie der Mitarbeiter idealerweise sein und was er können sollte.

✓ Hinterfragen Sie dann jede Eigenschaft/Fähigkeit:
Was genau meine ich damit? Was gehört dazu?
Finden Sie außerdem je ein Beispiel dafür. Häufig bringt dieses konkrete Nachdenken weitere wichtige Eigenschaften zum Vorschein.

✓ Überlegen Sie sich, ob es nicht vielleicht ein besseres Wort gibt, das aussagekräftiger beschreibt, was Sie suchen.
Häufig werden aus sehr großen Begriffen wie soziale Kompetenz auf einmal ein halbes Dutzend einzelner Eigenschaften und Fähigkeiten, die viel klarer beschreiben und auf den Punkt bringen, was genau gemeint ist.

Auf Potenziale achten!

Ein derartiges Profil entspricht immer einer Art Wunschzettel. In den seltensten Fällen wird man den idealen Kandidaten haben, der alle Kriterien voll erfüllt. Die „Eier legende Wollmilchsau“ gibt es kaum. Deshalb ist es wichtig, auch auf vorhandene Potenziale zu achten. Gerade bei bestehenden Mitarbeitern kann man oft bestimmte herausragende Eigenschaften und Qualifikationen erkennen, von denen man weiß, dass diese für eine führende Position vorteilhaft sind. Wer nun identifiziert, was fehlt oder woran gefeilt werden sollte, kann sich rechtzeitig um die Entwicklung vorhandenen Potenzials kümmern und intern qualifiziertes Know-how nutzen.

Ein Beispiel: Die langjährige Mitarbeiterin eines Unternehmens leistet einwandfreie Arbeit, ist bei ihren Kollegen persönlich und fachlich anerkannt. Doch zwei Punkte stellen ein Hindernis dar: Die Mitarbeiterin neigt zum Herumschimpfen – häufig auch unbewusst. Gerade wenn sie unter Druck steht, schimpft sie über Kunden und über zu viel Arbeit oder zieht über die Firmenleitung her. Lässt der Stress nach, ist alles wieder in bester Ordnung. Ein fachliches Manko sind ihre mangelhaften Englischkenntnisse. Da es sich um eine internationale Firma handelt, ist sehr gutes Englisch in Führungspositionen ein Muss.

Beide Defizite lassen sich ausgleichen, wenn sie rechtzeitig mit der Mitarbeiterin besprochen – bewusst gemacht – und entsprechende Aktivitäten eingeleitet werden. Wenn ein Mitarbeiter sich für Führungsaufgaben interessiert und dieses Thema selbst auf den Tisch bringt, ist es ebenfalls gut, von Anfang an klar zu machen, was von einer leitenden Position erwartet wird. Und dem Mitarbeiter im Vorfeld fundiertes und ausführliches Feedback zu geben, wo er Stärken hat und wie er diese ausbauen kann – und wo es Verhaltensweisen/Fähigkeiten gibt, die er verbessern und an denen er bereits jetzt arbeiten kann, um sich für eine Teamleiter-Position zu qualifizieren und diese später erfolgreich auszuüben.

Warum es so wichtig ist, den Teamleiter sorgfältig auszuwählen

Ein stark expandierendes Unternehmen verliert den Leiter der Verkaufsabteilung. Da einige Monate lang kein Ersatz gefunden wird, entschließt sich die Geschäftsführung, die Leitung selbst zu übernehmen und die Abteilung in drei Teams aufzuteilen: Die drei Teamleiter sollen im Alltagsgeschäft die Mitarbeiterführung für ihr Team übernehmen und für das Erreichen der Umsatzziele sorgen. Keiner der schnell ernannten Teamleiter hat Führungserfahrung – Kriterium für die Wahl zum Teamleiter ist die gute eigene Umsatzleistung. Abgesehen von Führungsproblemen der neuen Teamleiter passiert Folgendes: Die Teams entwickeln sich sehr stark in Richtung des jeweiligen Teamleiters – beim Vergleich der drei Teams nach einigen Monaten stellt sich heraus, dass sie sehr unterschiedlich sind und die Stärken und Schwächen ihrer Vorgesetzten richtiggehend übernommen haben. Ein Team ist das defensive, eher „motzige“ Team. Das zweite ist vorausschauend und positiv. Und eines hat starke „atmosphärische Störungen“, ist trotzdem sehr fleißig und schafft eine Menge Arbeit und gute Ergebnisse.

Ein anderes Beispiel: In einer Sondereinheit der Polizei gibt es drei Gruppen à 30 Mann. Eine dieser Gruppen ist die mit der höchsten Krankheitsrate und mit den meisten Schwierigkeiten: Beschwerden über die Beamten, Querelen untereinander. Als der neue Vorgesetzte die Gruppe übernimmt, erfährt er bereits im Vorfeld, um was für ein „schreckliches“ Team es sich dabei handelt. Zwar sind das keine besonders ermutigenden Aussichten für ihn, der auch noch nicht über viel Führungserfahrung verfügt. Aber innerhalb weniger Monate schafft der neue Vorgesetzte durch seinen klaren Führungsstil, sein aufrichtiges Interesse an den Mitarbeitern und seine konsequente Arbeitsweise, dass seine Gruppe zur besten der drei aufsteigt: Der Krankenstand ist am niedrigsten. Seine Mitarbeiter gehen wieder gern zur Arbeit. Die Arbeitsergebnisse sind hervorragend, weil die Leute sich engagieren und Leistung bringen möchten. Zusammenhalt und Umgangston sind vorbildlich.

Es ist eine Tatsache, dass der persönliche Stil des Teamleiters einen großen Einfluss auf sein Team hat, im Positiven wie im Negativen. Deshalb ist es äußerst wichtig, den Teamleiter bewusst und nach mehreren Kriterien auszuwählen – nicht nur aufgrund guter eigener Arbeitsergebnisse.

Nehmen wir das Beispiel von oben: Einer der Teamleiter hat zwar gute Umsatzergebnisse und kommt wunderbar mit seinem Kundenkreis zurecht, doch die Ausführung der Arbeit ist nicht einwandfrei. Einer der Mitarbeiter dokumentiert Geschäftsvorgänge nicht oder nur unzureichend, lässt Vorgänge sehr lange liegen oder hält seine Geschäftsunterlagen nicht in Ordnung. Die Nachricht an die Teamkollegen ist ganz klar: Wenn mein Teamleiter das so macht, darf ich es auch. Offenbar ist nur das gute Ergebnis wichtig und nicht, wie es erreicht wird. Die Konsequenzen daraus sind jedoch weitreichend: Sehr häufig muss nachgearbeitet werden, und viel Zeit und Energie gehen dafür drauf, Vorgänge zu suchen oder Nachfragen von Kunden und Kollegen zu einem bestimmten Vorgang zu bearbeiten – ganz abgesehen von dem Ärger für alle Beteiligten.

Ein weiterer wichtiger Aspekt ist die Tatsache, dass der Teamleiter in seiner Funktion auch anerkannt werden muss. Sonst gibt es Unmut unter den Teammitgliedern. Natürlich werden an eine Führungskraft andere Maßstäbe angelegt: Schließlich hat sie mehr Verantwortung und Entscheidungskompetenz und verdient in der Regel auch mehr als „normale" Kollegen.

Eine Abteilung besteht aus vier Personen. Die Leiterin der Abteilung ist die Dienstälteste. Die drei Teammitglieder – und auch andere Firmenangehörige – fragen sich, inwiefern die Abteilungsleiterin für ihre Position qualifiziert ist. Persönlich scheint sie sich zu scheuen, Entscheidungen zu treffen. Und auch fachlich ist ihr eine Mitarbeiterin aus dem eigenen Team ohne Zweifel überlegen – die übrigens als informelle Leiterin gilt und auch Anlaufstelle für alle anderen Firmenangehörigen ist.

An dieser Stelle ist es wichtig zu erwähnen, dass ein Teamleiter selbstverständlich fachlich qualifiziert sein muss – es geht jedoch nicht darum, wie häufig gemeint, dass die Führungskraft alles besser wissen und können muss als alle anderen. Ein Manager muss in erster Linie seine Führungsaufgaben gut wahrnehmen: strategisch stark sein, Lösungen abwägen können, Entscheidungen treffen, seine Mitarbeiter führen und weiterentwickeln sowie Ziele setzen und erreichen. Er muss keineswegs alles selbst umsetzen oder dazu in der Lage sein. Wichtig ist es jedoch, offen anzuerkennen, wenn jemand etwas besser kann, und dieses Know-how zu nutzen.

✓ Ein Teamleiter hat immer eine große Auswirkung auf das Team:
  - Das Team passt sich allgemein den – positiven und negativen – Gewohnheiten und Standards des Teamleiters an und übernimmt diese.
  - Wird ein Teamleiter nicht anerkannt, hat das negative Auswirkungen auf die Ergebnisse und das Miteinander.

✓ Bei der Ernennung eines Teamleiters ist es wichtig zu prüfen:
  - Gibt es intern jemanden, der für diese Aufgabe geeignet ist oder Potenzial dafür hat?
    Oft wird von Haus aus nach externem Know-how gesucht. Tatsächlich ist es jedoch in der Regel vielversprechender, jemanden intern aufzubauen – denn gerade in Führungspositionen erweist es sich als vorteilhaft, das Unternehmen/die Branche/die Abläufe und die Mitarbeiter bereits zu kennen.
  - Umgekehrt sollte man sich nicht auf die Maxime „wir nehmen ausschließlich interne Führungskräfte“ festlegen: Es gibt Situationen und Positionen, für die intern einfach kein geeigneter Kandidat vorhanden ist. Prüfen Sie intensiv, ob jemand wirklich Potenzial hat. Wenn nicht oder wenn bestimmte Verhaltensweisen stark dagegen sprechen, dann holen Sie sich lieber jemanden von außen.
  - Wenn Sie sich Kow-how von außen holen, ist es wichtig, dass Sie Ihre Erwartungen und Vorstellungen im Vorfeld vermitteln und prüfen, inwieweit der Kandidat sie erfüllt. Allein die Tatsache, dass jemand bereits Personalverantwortung innehatte, ist kein Garant

für seine Qualifikation als Teamleiter. Verlassen Sie sich nicht nur auf den Lebenslauf, sondern klären Sie intensiv mit dem Kandidaten, was dieser unter Führung und Weiterentwicklung versteht und wie er seine Rolle als Teamleiter sieht beziehungsweise in der Praxis auszufüllen gedenkt.

Möglichkeiten der Auswahl

Die Varianten, einen Teamleiter auszuwählen, sind vielfältig. Sie reichen vom herkömmlichen Bewerbungsgespräch, das auch bei internen Kandidaten anzuraten ist, bis hin zu aufwändigeren Verfahren:

✓ die interne Bewerbung
Wenn Sie intern eine Teamleiterposition besetzen wollen, ist ein Bewerbungsprozess sinnvoll. Dies gilt auch, wenn Sie die Position nicht allgemein ausschreiben, sondern bereits einen Wunschkandidaten im Auge haben. Bei sehr großen Unternehmen kann es sein, dass eine vollständige Bewerbung gefragt ist – zwar liegen die ursprünglichen Bewerbungsunterlagen in den Personalakten, doch ist es oft der einfachere Weg, mit komplett neuen Unterlagen zu arbeiten. In einem kleineren Unternehmen wird es in der Regel nicht mehr nötig sein, die Unterlagen und Zeugnisse usw. zu prüfen, sondern man wird sich auf die Arbeitsleistung innerhalb der Firma beziehen.

In jedem Fall ist es gut, die interne Bewerbung so zu gestalten, dass sich der Kandidat konkret Gedanken darüber macht,

- warum er sich für die Position überhaupt interessiert (was ist seine Motivation, sich auf die Teamleiter-Position zu bewerben?);
- warum er denkt, dass er dafür qualifiziert ist;
- wie er sich den Aufgabenbereich vorstellt.

So lassen sich für beide Seiten wichtige Fragen im Vorfeld klären. Und es wird seitens des Unternehmens auch ein klares Zeichen gesetzt, dass es nicht nur „um irgendeine Stelle“ geht, sondern dass man jemanden dafür gewinnen will, der interessiert und engagiert ist und auch seine eigenen Qualitäten hinterfragt.

✓ Auswahlgespräche
Ein Interview ist auch bei internen Kandidaten unabdingbar. Wie eben schon angesprochen, geht es darum, die Motivation und die Vorstellungen des Interessenten zu klären – den Alltag und die Erwartungen an den künftigen Teamleiter klar zu machen. Häufig wird intern auf Interviews ganz verzichtet – oder aber man spricht lediglich über Termine und Konditionen (wie zum Beispiel eine Gehaltserhöhung). Das bedeutet Chancen vergeben!

✓ interne Assessment-Center
In vielen Unternehmen werden für leitende Funktionen interne Assessment-Center abgehalten. Der Begriff kommt aus dem Englischen: *to assess* heißt bewerten, abschätzen, beurteilen. Eine Gruppe von Kandidaten wird verschiedenen Aufgaben und Tests unterzogen: Einzelgespräche, Präsentationen, gemeinsame Projekte/Strategien in Gruppen erarbeiten, einzelne Testaufgaben lösen usw. Beispielsweise wird getestet, wie jemand seinen Tag durchorganisiert oder Aufgaben priorisiert. Das Ganze wird beobachtet: von Vertretern der Personalabteilung und der Führungsebene, manchmal auch von Psychologen. Ziel ist, sich ein möglichst gutes Bild von den einzelnen Persönlichkeiten zu verschaffen. Beurteilt werden meistens das Verhalten, alleine und in Interaktion mit den Kollegen, sowie das Auftreten und die Arbeitsweise.

Die Aussagekraft eines Assessment-Centers hängt natürlich davon ab, wie es aufgebaut wird, außerdem aber von der Qualität der Beobachtung und der Interpretationsfähigkeit. Sofern die Testaufgaben realitätsbezogen und nah am Unternehmensgeschehen sind, ergibt sich ein Zusatznutzen: Die Aspiranten auf eine leitende Position bekommen so einen Vorgeschmack dessen, was Teamleitung tatsächlich mit sich bringt.

✓ Persönlichkeitsprofile (DISG usw.)
Eine ebenfalls verbreitete Möglichkeit ist das Arbeiten mit Persönlichkeitsprofilen: Anhand bestimmter Eigenschaften oder Fragen wird die Person analysiert und einem Persönlichkeitstyp zugeord-

net, Stärken und Schwächen werden sichtbar gemacht. Wie zutreffend ein derartiges Modell und wie praktikabel es als zusätzliches Werkzeug für die Auswahl zum Teamleiter ist, muss jeder selbst beurteilen. Nach unserer Erfahrung kann ein ausgefeiltes Modell durchaus hilfreich und anregend sein, um grundlegende Tendenzen, Potenziale und Defizite zu erkennen. Als alleiniges Auswahlwerkzeug können wir es jedoch nicht empfehlen, weil sich daraus keine zuverlässigen Prognosen für den späteren Erfolg ableiten lassen: Wie gut und effizient jemand als Führungskraft ist, wird von sehr vielen Faktoren beeinflusst – beispielsweise vom Verhältnis zum eigenen Vorgesetzten.

✓ Probetage
Eine gute Möglichkeit besteht darin, einen oder mehrere Probetage zu vereinbaren, um – ähnlich wie es beim Thema Assessment-Center bereits angesprochen wurde – ein besseres Gefühl dafür zu bekommen, wie ein Teamleiter-Kandidat sich „anstellt". Und vor allen Dingen, um diesem einen unmittelbaren Eindruck davon zu vermitteln, was die Aufgabe tatsächlich mit sich bringt und wie der Alltag aussieht.

Beispiel: Die Position des Teamleiters Verkauf wurde frei, und es bewarben sich intern drei Mitarbeiter. Alle drei Kandidaten hatten bereits Erfahrung in der Leitung kleinerer Gruppen, doch hier ging es um das Gesamtteam mit knapp 20 Mitarbeitern. Der bisherige Teamleiter plante einen typischen Arbeitstag und bereitete Alltagsfragen, Aufgaben und Problemfälle vor. Jeder Bewerber absolvierte diesen typischen Tag. Anschließend setzte man sich zusammen und besprach die Eindrücke, die Leistung und weitere Fragen.

Diese Art der unmittelbaren Erfahrung ist sehr hilfreich, um klar zu machen, wie die Praxis aussieht, und um nachzuvollziehen, wie sich der Kandidat verhält und bewährt. Falsche Vorstellungen, Befürchtungen und Defizite werden ebenso deutlich wie Stärken und geschicktes Verhalten. Es kann Ihnen auch passieren, dass nach so einem Probetag der eine oder andere Interessent einen

Rückzieher macht: Dann ist es wichtig, zu unterscheiden, ob hier jemand zu Unrecht „kalte Füße" bekommt oder ob er einfach noch nicht so weit ist.

Zum Thema „kalte Füße": Gerade gute Mitarbeiter sind oft überkritisch mit sich selbst. Wenn dann während einer solchen Bewährungsprobe irgendetwas besonders schwierig erscheint oder sich der Mitarbeiter überfordert fühlt, ist zwar der Wunsch nach der leitenden Positionen vielleicht noch da, jedoch überlagert von der Befürchtung, dem Ganzen nicht gewachsen zu sein. In diesem Fall ist es wichtig, die Bedenken ernst zu nehmen und sie nicht einfach als „Quatsch" abzutun oder lapidar zu erwidern: „Das machen Sie schon!" Vielmehr ist angesagt, den Bedenken auf den Grund zu gehen und gemeinsam zu vereinbaren, welche Art von Unterstützung der Mitarbeiter bekommen soll. Was Sie tun können, damit Ihre frisch gebackenen Teamleiter schnell in die neue Rolle wachsen, erfahren Sie im folgenden Abschnitt.

Um die Auswahl möglichst neutral zu treffen und nicht allein nach dem Bauchgefühl entscheiden zu müssen, hilft Ihnen die Methode, die am Beispiel externer Bewerber näher beschrieben ist (siehe S. 149).

Unterstützung und Fortbildung für Teamleiter

Häufig wird eine neue Führungskraft mehr oder weniger allein gelassen, sobald die Ernennung zum Teamleiter über die Bühne ist: Da bekommt man einen Titel und zusätzliche Aufgabenbereiche – und schon wird erwartet, dass man automatisch alles im Griff hat. Natürlich liegen die Dinge nicht so einfach. Abgesehen davon, dass es in der Regel an Führungserfahrung mangelt, kommt auch eine persönliche Unsicherheit hinzu. Was wird von mir erwartet? Inwiefern sitze ich nun zwischen zwei Stühlen? Wie reagieren meine Teamkollegen auf mich? Besonders wenn der Teamleiter vorher ein „ganz normaler" Kollege war, ist die Unsicherheit oft groß.

Damit ein Teamleiter seine (neue) Rolle gut ausfüllen kann und sich schnell darin zurechtfindet, ist es unabdingbar, ihn tatkräftig zu unterstützen. Das gilt auch für Teamleiter, die von extern kommen und bereits Erfahrungen in Mitarbeiterführung gesammelt haben, denn jedes Unternehmen hat seine Besonderheiten. Die Integration in ein bestehendes Team sowie die Anerkennung als Leiter ist immer eine Herausforderung und dauert seine Zeit. Natürlich ist der Teamleiter selbst ebenso gefragt: Sich aktiv um die eigene Weiterbildung und -entwicklung als Führungskraft zu kümmern ist elementar. Einer der wichtigsten Grundsätze lautet deshalb:

> Hinterfragen Sie sich, Ihre Meinungen und Ihr Verhalten immer wieder aufs Neue – in konstruktiver Weise.

An Werkzeugen steht einiges zur Verfügung, zum Beispiel:

- ✓ Fachliteratur (gute Fachzeitschriften, Bücher ...)
- ✓ Trainings – intern/extern (Präsenz- oder Fern-/Online-Seminare)
- ✓ Coaching (intern, z. B. durch den Vorgesetzten oder durch einen externen Coach)
- ✓ Mentoring (intern – durch einen erfahrenen Mitarbeiter, oder durch einen externen Mentor)
- ✓ Besprechungen/„Fragestunden“/Zielbestimmung (mit dem eigenen Vorgesetzten)

Im Anhang finden Sie Literatur- und Webtipps zu diesem Thema.

Teamleiter bereits im Vorfeld fit machen

Die Fähigkeiten, die eine Führungskraft braucht, sind generell für jeden Mitarbeiter gut und wichtig – weiter oben haben wir bereits einige grundlegende Qualifikationen näher aufgeschlüsselt. Sehr gut ist es, alle Teammitglieder in diesen Bereichen zu schulen und zu coachen. So entwickelt sich nicht nur jeder Einzelne kontinuierlich weiter, wovon letztlich das Team und das gesamte Unternehmen profitieren, sondern man zieht sich seinen Führungsnachwuchs rechtzeitig heran. Leider wird diese Art von Personalentwicklung, die sich langfristig bezahlt macht, oftmals vernachlässigt oder aus Zeitgründen zurückgestellt. Das kann dazu führen, dass fachlich gute Mitarbeiter nicht qualifiziert genug sind, um Personalverantwortung zu übernehmen – und deshalb nicht berücksichtigt werden können, wenn akut eine entsprechende Position zu besetzen ist.

Oft erfährt man auch von Mitarbeitern – bei der Einstellung oder später in Zielgesprächen –, dass sie über kurz oder lang eine Führungsposition anstreben. Das ist die Gelegenheit, um bereits klar zu stellen, welche Qualifikationen dafür nötig sind, und in Zusammenarbeit mit dem Mitarbeiter zu identifizieren, wie er bereits jetzt auf dieses Ziel hinarbeiten kann (indem er etwa seine Kommunikationsfähigkeiten ausbaut). In Bezug auf die Erwartungen an einen Teamleiter und seine Fähigkeiten helfen Ihnen die Ausführungen zu Beginn dieses Kapitels weiter.

Wichtig: Viele Menschen haben nur sehr vage Vorstellungen davon, was es bedeutet, Führungskraft zu sein. Insbesondere weil häufig das „Ich bin der Chef und habe das Sagen“ noch in den Köpfen herumgeistert. Tatsächlich entspricht dieses Klischee in der heutigen Zeit kaum mehr der Realität: Eine Führungskraft ist doppelt gefordert und hat in der Regel auch fachlich einen eigenen Aufgabenbereich auszufüllen – zusätzlich zur Mitarbeiterführung und zu den Managementaufgaben, die mit der Position einhergehen. Deshalb ist es empfehlenswert, zumindest eine Art Crashkurs zu geben und – bevor der Teamleiter seine neue Aufgabe übernimmt – zu klären:

Was sind die Erwartungen an ihn (fachlich und persönlich)?
Was genau ist der Aufgabenbereich (Rechte und Pflichten)?
Welche Entscheidungskompetenzen hat er – und wo enden diese?
Welche Fragen und Bedenken hat der Mitarbeiter (fachlich und persönlich)?

Die Themen näher betrachtet

Häufig wird Teamleitern rein Fachliches vermittelt. Ein Klassiker-Training für neue Führungskräfte ist das Zeit- und Selbstmanagement. Da lernt der neue Teamleiter dann etwas über ABC-Analyse, Prioritätensetzen, optimales Zeitmanagement – dicht gefolgt vom „How to" des Delegierens. Doch es ist nicht sehr sinnvoll, jemandem in der neuen Rolle gleich alle diese Aspekte vermitteln zu wollen – etwas später, wenn der Teamleiter seinen veränderten Berufsalltag und seine Praxis kennt, kann er diese Techniken viel besser nutzen. Außerdem könnte der neue Teamleiter ein falsches Bild von seiner zukünftigen Aufgabe bekommen, wenn er gleich eine Fortbildung „So delegiere ich richtig" erhält. Natürlich ist dieses Thema wichtig, aber als erste und vielleicht sogar einzige Fortbildung kann es den Eindruck erwecken, dass ein Chef im alten Stil gefragt ist, nach dem Motto: Jetzt lasse ich andere für mich arbeiten. Es empfiehlt sich sehr, am richtigen Ende anzufangen und in jeder Hinsicht für eine optimale Grundlage zu sorgen. Entscheidende Themen dabei sind:

Entwicklung der eigenen Persönlichkeit (sich selbst kennen und besser werden)
Kommunikation
Vorbildfunktion
Mitarbeiterführung und -weiterentwicklung
Rollenverständnis

Der Schwerpunkt sollte immer auf der Praxis liegen. Nur theoretisches Wissen zu pauken bringt wenig bis gar nichts. Häufig können frisch gebackene Teamleiter alle möglichen Führungsstile herunterbeten, doch das Ganze mit Inhalten, eigenen Ansichten und generell mit Leben zu füllen und sich im Arbeitsalltag als Vorgesetzter zu bewähren fällt den meisten schwer.

✓ Entwicklung der eigenen Persönlichkeit (sich selbst kennen und besser werden)
Eine der wichtigsten Grundlagen für eine Führungskraft besteht darin, sich selbst, die eigenen Stärken und Schwächen, zu kennen, um sich richtig einschätzen zu können, Stärken optimal zu nutzen und Defizite auszugleichen. Wichtig ist, es nicht bei oberflächlichen Eigenschaftslisten zu belassen à la „Ich bin kommunikativ, teamfähig, flexibel, innovativ und pflege einen partnerschaftlichen Führungsstil“. Vielmehr dreht es sich darum, ins Detail zu gehen und die Dinge klar zu definieren: Was verstehe ich konkret unter den einzelnen Eigenschaften? Wie äußert sich mein partnerschaftlicher Führungsstil in der Praxis? Warum behaupte ich, dass ich so bin/das gut kann? Welche Beispiele gibt es dafür? – Gut ist es auch, sich nicht auf das Selbstbild zu beschränken, sondern eine Fremdbeurteilung einzuholen: Wie werde ich von anderen gesehen?

✓ Kommunikation
Den Schlüssel für ein offenes Miteinander und für entsprechend hochwertige Arbeitsleistungen/-ergebnisse liefert eine gute und wirkungsvolle Kommunikation. Damit sind nicht (nur) – wie oft angenommen wird – ansehnliche rhetorische Fähigkeiten und geregelter Informationsfluss gemeint. Es geht ganz einfach darum, eine direkte und konstruktive Kommunikationskultur aufzubauen und diese bewusst zu pflegen: zwischen dem Teamleiter und seiner Mannschaft sowie innerhalb des Teams. Die größte Herausforderung ist hier, wie wir immer wieder feststellen, das Thema Kritik: „Wie spreche ich etwas rechtzeitig und konstruktiv an?“ Gerade wenn es um Punkte geht, bei denen man selbst unsicher ist oder sich unwohl fühlt, redet man gern um den heißen Brei herum oder drückt sich lieber komplett vor dem Gespräch. Gute Kommunikationskurse kann man immer wieder besuchen – denn in diesem Punkt lernt man nie aus.

✓ Vorbildfunktion
Als Führungskraft spielt man nun mal in einer anderen Liga (das gilt auch für Unternehmen mit extrem flachen Hierarchien) und hat eine andere Vorbildfunktion als ein „normaler“ Kollege. Entspre-

chend werden natürlich vom Mitarbeiterteam strengere Maßstäbe angelegt: „Warum ist ausgerechnet xy unser Teamleiter?“, „Was hat er/sie, das ich nicht habe?“ – Es muss erkennbar sein, dass der Teamleiter seine Position zu Recht erhalten hat: Und ganz oben auf dieser Liste steht die Anerkennung als eine Persönlichkeit, die der Führungsrolle gerecht werden kann. Ob und in welchem Ausmaß diese Anerkennung gegeben wird, hängt in erster Linie vom Auftreten und Verhalten des Teamleiters ab.

Und natürlich wird der Teamleiter auch fachlich mit anderen Maßstäben gemessen: Es ist von immenser Bedeutung, dass er seine Arbeit einwandfrei und nicht etwa schlampig erledigt. Ist doch selbstverständlich, meinen Sie? In der Praxis wird darauf leider nicht immer geachtet – da wird jemand zum Teamleiter ernannt, weil er sich mit einer bestimmten Fähigkeit hervortut oder auch ganz einfach deshalb, weil kein besserer Kandidat da ist. Es gibt auch den Fall, dass Mitarbeiter mit Kündigung drohen, wenn sie keine Führungsposition bekommen. Und aus Angst, diese Drohung könnte wahr gemacht werden, gibt man nach. Unterstützen Sie Ihre Teamleiter dabei, sich mit ihrer neuen Rolle in punkto Vorbildfunktion und Erwartungshaltung vertraut zu machen, und klären Sie gemeinsam individuelle Fragen – bevor die Praxis beginnt.

✓ Mitarbeiterführung und -weiterentwicklung
Hier liegt eine der größten Herausforderungen für Teamleiter. Vermitteln Sie Ihren neuen Teamleitern unbedingt, was Mitarbeiterführung alles umfasst, worum es bei der Weiterentwicklung geht und wie man sich individuell um die – fachliche und persönliche – Weiterentwicklung kümmert, die eigenen Mitarbeiter fordert, aber auch fördert. Besonders wichtig: Häufig werden Teamleiterpositionen nur als Kontrollfunktion wahrgenommen. Da werden bestimmte Teamziele festgelegt, und der Teamleiter wird für die Erreichung der Ziele verantwortlich gemacht. Es kann schnell passieren, dass sich der Teamleiter lediglich als Kontrolleur seiner Teamkollegen versteht. Eine frustrierende Sichtweise für alle Beteiligten, die unter anderem dazu führt, dass Potenziale nicht genutzt werden.

✓ Rollenverständnis
Gestern Kollege – heute Vorgesetzter. Auch wenn es sich nur um einen kleinen Sprung handelt, also etwa in die Gruppenleiterfunktion für ein kleines Team, kommt es leicht zu Unsicherheiten und Bedenken. Wie reagieren die Kollegen jetzt auf mich? Erkennen Sie mich an? Kann ich ihnen überhaupt was sagen? Soll ich weiterhin normal und freundschaftlich mit ihnen umgehen oder muss ich mich jetzt in irgendeiner Form abkapseln? Was mache ich, wenn mich die Kollegen hänseln? ... Bedenken dieser Art sind völlig natürlich. Lassen Sie Ihre Mitarbeiter mit ihren Fragen und Unsicherheiten nicht alleine, sondern sprechen Sie diese von sich aus an – und stehen Sie mit Rat und Tat zur Seite.

3. Team und Struktur: der organisatorische Rahmen

Bei Teamarbeit denkt man wohl in erster Linie an Unkompliziertheit, Schnelligkeit, Dynamik und Flexibilität – und weniger an Begriffe wie Organisation, Struktur und Regeln. Dabei liegt es auf der Hand, dass das eine ohne das andere nicht möglich ist.

Lassen Sie uns einen kurzen Abstecher in die Welt des Sports machen, wo der Teambegriff herstammt und am häufigsten verwendet wird. Beschäftigen Sie sich kurz mit einer Mannschaftssportart, die Ihnen spontan in den Sinn kommt – und malen Sie sich aus, was passieren würde, wenn Rollenverteilung und Regeln wegfielen. Die Wahrscheinlichkeit, dass überhaupt kein Spiel – und schon gar kein Zusammen-Spiel – zustande kommen würde, ist extrem groß. Auch das geschickte Nutzen von Stärken und Fähigkeiten, das Aufeinander-eingespielt-Sein sowie gemeinsame Strategien kommen nicht von ungefähr. Der sinnvolle und zielführende Einsatz von Mitarbeitern, mit all ihren fachlichen und persönlichen Stärken und Schwächen, ist ausschlaggebend dafür, in welchem Verhältnis Aufwand und Ergebnis zueinander stehen. Wie im Sport, so geht es auch im Arbeitsleben um optimale Abläufe und um Training/Übung des Zusammenspiels. Und nicht nur um Persönlichkeit. Sie sehen also: Struktur und Regeln sowie klare Aufgaben- und Rollenverteilung sind weder ein Hemmschuh noch überflüssig, sondern die Voraussetzung für ein dynamisches und gutes Miteinander.

Struktur, Planung und Organisation bilden eine Stütze, ein Gerüst, das gute Zusammenarbeit und starken Mannschaftsgeist fördert und erst so richtig erblühen lässt. Workflow und dynamisches, sinnvoll aufeinander abgestimmtes Arbeiten gedeihen am allerbesten, wenn grundlegende Dinge definiert und klar organisiert sind. Vorausgesetzt natürlich, dass die organisatorischen Maßnahmen nicht dem reinen Selbstzweck dienen und die Dinge unnötig komplizieren – aber das haben Sie und Ihr Team ja selbst in der Hand. Wir möchten Sie dazu ermutigen, Struktur und Organisation in Ihrem Team regelmäßig zu überdenken und zu überprüfen sowie sicherzustellen, dass sie:

- ✓ so einfach und unkompliziert wie möglich sind,
- ✓ die Zusammenarbeit erleichtern und fördern,
- ✓ die Ergebnisse positiv beeinflussen.

Übrigens: All das sollen Sie keineswegs in Eigenregie machen. Ganz im Gegenteil! Es ist sehr wichtig und sinnvoll, zusammen mit Ihrem Team zu agieren und neben allgemein gültigen Regeln und Abläufen, die Sie als Teamleiter festlegen, auch gemeinsame Entscheidungen zu treffen. In diesem Kapitel geht es um:

Unterschiedliche „Typen“ von Leuten
Arbeitsteilung und Verantwortlichkeiten
Arbeitsprozesse
Zieldefinition
Zeitplan und Zwischenziele
Aufstellen und Einhalten von Regeln
Informationswege und -weitergabe
Kreativität im Team
Teambuilding

Unterschiedliche „Typen“ von Leuten

In einem Team treffen sehr unterschiedliche Menschen aufeinander, und es geht letztendlich darum, verschiedene Individuen „unter einen Hut zu bringen“, um gemeinsam etwas auf die Beine zu stellen. Ideal ist die Arbeitsteilung natürlich in einem Team, in dem jeder seinen Fähigkeiten entsprechend eingesetzt ist und die einzelnen Teammitglieder sich optimal ergänzen.

Es gibt Bemühungen und Untersuchungen, Menschentypen – generell und speziell im Hinblick auf Teamarbeit – zu bestimmen, um Anhaltspunkte für den idealen Einsatz und das optimale Zusammenspiel von unterschiedlichen Arbeitsweisen und Persönlichkeiten zu erhalten. Ein Forscher auf diesem Gebiet ist Dr. Meredith Belbin, auf dessen Arbeit wir an dieser Stelle verweisen möchten. Detaillierte Beschreibungen auch der Eigenschaften finden Sie auf der Website von Dr. Belbin, www.belbin.com, oder im Internet unter dem Stichwort „Belbin Team“. Nach den Team-Funktionen von Dr. Belbin gibt es neun verschiedene Team-Typen. Jeder von ihnen zeigt eine bestimmte Tendenz auf, wie sich die Person verhält und mit anderen interagiert:

aktionsorientierte Funktion (Shaper, Implementer, Completer oder Finisher)
personenorientierte Funktion (Co-Ordinator, Teamworker, Resource Investigator)
gehirnorientierte Funktion (Plant, Monitor/Evaluator, Specialist)

Es ist sicherlich hilfreich, Ihr bestehendes Team mithilfe der neun „Belbin Team Roles“ zu analysieren und festzustellen, welche Art von Persönlichkeit fehlt (nach welchen Kriterien Sie also bei der nächsten Einstellung auswählen sollten), beziehungsweise die Potenziale vorhandener Teammitglieder in die Richtung zu stärken, die unterrepräsentiert ist. Ebenso hilfreich kann es sein, Persönlichkeitstests durchzuführen und Persönlichkeitsprofile der einzelnen Mitarbeiter erstellen zu lassen, um auf dieser Grundlage möglichst ausgewogene Teams zusammenzustellen (z. B. DISG-Persönlichkeitsmodell).

Unabhängig davon, wie intensiv Sie sich mit diesem Thema und den zugrunde liegenden Persönlichkeitsbestimmungen beschäftigen wollen: Es bleibt eine Tatsache, dass Ihr Team sich aus unterschiedlichen Typen zusammensetzt, und Sie sollten deren Zusammenspiel möglichst konstruktiv gestalten. Bestimmt haben auch Sie eine Mischung aus schnellen und langsamen, lauten und leisen, risikofreudigen und vorsichtigen, extrovertierten und introvertierten, mehr rationalen und mehr emotionalen Menschen – um die offensichtlichsten „Kategorien" zu nennen. Sie können förderliche Rahmenbedingungen für das Team schaffen, indem Sie:

✓ die Einzelnen ihrer Persönlichkeit entsprechend einsetzen und mit Aufgaben betrauen, bei denen ihre Stärken zur Geltung kommen (z.B. offene, extrovertierte Teammitglieder für die Kundenakquise und ruhige, zurückgezogene Mitarbeiter für Recherchearbeiten);

✓ die einzelnen Teammitglieder dabei unterstützen, ihre weniger ausgeprägten Seiten zu stärken und Defizite auszugleichen (z. B. die Kommunikationsfähigkeiten durch Training oder Coaching ausbauen);

✓ das gesamte Team dazu anregen und dabei unterstützen sich klar zu machen, inwiefern die verschiedenen Typen voneinander profitieren, was sie voneinander lernen und wie sie sich noch besser ergänzen können.

Im Arbeitsalltag können unterschiedliche Arbeitsweisen schnell für viel Zündstoff und Unverständnis sorgen – oder aber sinnvoll als Ergänzung genutzt werden. Oft ist Ersteres der Fall. Hier zwei weit verbreitete Beispiele:

(1) Delegieren. Besonders Leute, die sehr klare Vorstellungen haben, genau wissen, was sie wollen und wie es gemacht werden soll, und sehr fix in der Umsetzung sind, haben Probleme damit, Tätigkeiten weiterzugeben und voll zu delegieren. Und wenn es dann doch einmal passiert, dass etwas nicht ganz genau so erledigt wird oder nicht schnell genug, heißt es: „Dann mach ich's lieber gleich selbst."

Vielleicht haben Sie sich darin sogar selbst wieder erkannt – ganz sicher kennen Sie dieses Verhalten von irgendeinem Mitarbeiter. Hier ist Ihre Aufgabe als Führungskraft, einzuschreiten. Zeigen Sie dem „schnellen“ Mitarbeiter, der nicht wagt loszulassen, selbst wenn er noch so überarbeitet ist und dringend Hilfe braucht, wie er seine Aufgaben delegieren kann, sodass ein anderer überhaupt eine Chance hat: indem Inhalte und auch bestimmte Wünsche an die Arbeitsweise klar vermittelt und Termine vereinbart werden. Und vor allen Dingen, indem dieser Mitarbeiter lernt, dass mehrere Wege nach Rom führen.

(2) In einer Besprechung melden sich manche Mitarbeiter nie zu Wort: Sie verhalten sich eher abwartend – weil sie ruhiger sind, lieber ausgiebig nachdenken, bevor sie sich äußern, oder aus Angst vor Rückfragen oder negativem Feedback lieber gar nichts sagen. Gerade zurückhaltendere und auch langsamere Menschen fühlen sich in einem Team oft überrollt. Andere sind immer schneller mit Meinungen, Statements, Entscheidungen, Feedback – das führt im schlechtesten Fall dazu, dass sich die ruhigeren Teammitglieder an die Wand gedrückt fühlen und weiter verschließen.

Für Sie und Ihr Team bedeutet das jedoch, dass Sie auf den Input eines Mitarbeiters weitgehend verzichten müssen. Und dass es Unmut und möglicherweise sogar Demotivation im Team gibt. Hier ist es wichtig, dass Sie regulierend eingreifen: ruhigere Teammitglieder aktiv ins Gespräch holen, um Meinungen bitten – und die Teammitglieder „von der schnellen Truppe“ auch schon mal etwas bremsen. Freundlich und konstruktiv, versteht sich.

Die persönlichen Unterschiede können und sollten idealerweise vom Team als Chance begriffen werden. Ein schönes Beispiel dazu erzählte kürzlich eine Sekretärin, die gerade eine neue Mitarbeiterin bekommen hatte – sie bilden zusammen ein Zweier-Team im Chefsekretariat. Die beiden könnten von der Persönlichkeit und von der Arbeitsweise her nicht unterschiedlicher sein: die eine vom Wesen her ruhig und eher zurückhaltend – die andere lebendig und eher „laut“. Gerade auf so engem Raum könnte es nun sehr schnell Zoff geben, weil hier zwei Persönlichkeiten aufeinander krachen. Tatsächlich haben beide sich als wunderbare Ergänzung erkannt und nutzen die jeweiligen Stärken situationsbezogen, beziehungsweise gleichen Stimmungsschwankungen dadurch aktiver und schneller aus.

Prüfen Sie als Teamleiter einmal Ihr Wissen und Ihre subjektiven Eindrücke von „Ihren Leuten". Gehen Sie die einzelnen Personen namentlich durch und schreiben Sie auf:

Name des Mitarbeiters

Welche Eigenschaften verbinden Sie ganz spontan, ohne groß nachzudenken, mit diesem Mitarbeiter?

Ebenfalls spontan: Mögen Sie diesen Mitarbeiter oder eher nicht (oder: neutraler Eindruck)?

Wie würden Sie die Person näher charakterisieren?

Welche Rolle spielt dieser Mitarbeiter im Team? Wie kommt er Ihrer Meinung nach bei den Kollegen an/wie fügt er sich ins Team ein/welchen Beitrag bringt er ins Team?

Welche Stärken hat dieser Mitarbeiter?

Welche Schwächen hat er Ihrer Meinung nach?

Was würden Sie sich von diesem Mitarbeiter wünschen: auf sich selbst bezogen und auf seine Rolle im Team?

Wie wollen Sie diese Gedanken/Ihr Wissen in Bezug auf diesen Mitarbeiter in Zukunft nutzen?

Arbeitsteilung und Verantwortlichkeiten

Zwar wird manchmal unter Teamarbeit verstanden, dass jeder alles macht und einfach anpackt, wo gerade die Not am größten ist. Und natürlich: Es ist gut, flexibel zu sein und das Können und die Bereitschaft zu haben, auch einmal anderswo einzuspringen und mit anzupacken. Doch für den Arbeitsalltag ist „jeder macht alles" nicht effektiv – und letztlich auch überhaupt nicht gut für das Arbeitsklima. Denn abgesehen davon, dass die Kompetenzen und Vorlieben der Einzelnen nicht intensiv genutzt werden, ist die Wahrscheinlichkeit sehr groß, dass Dinge liegen bleiben oder Arbeit mehrfach gemacht wird – und das nur, weil klare Absprachen und Verantwortlichkeiten fehlen. Sie sollten dieses Risiko besser nicht eingehen, sondern im Sinne effizienter Teamarbeit und optimaler Ergebnisse Folgendes klären sowie unmissverständlich regeln:

Wer macht was?
So vermeiden Sie zum einen unnötige Verzögerungen oder Mehrarbeit und legen auch die Grundlagen dafür, dass die einzelnen Teammitglieder wirkliche Experten auf ihrem Gebiet werden und sich gezielt weiterentwickeln können. Und auch das ist langfristig für den Bestand Ihres Teams und des Unternehmens von großer Bedeutung.

Wer ist wofür zuständig?
Das erleichtert und beschleunigt nicht nur die interne Zusammenarbeit, sondern ist auch für die Kunden von großem Vorteil (die Ansprechpartner sind klar, die Kunden fühlen sich gut betreut usw.) – was sich positiv auf das Image des ganzen Unternehmens auswirkt. Apropos: Das gilt auch für vermeintliche Banalitäten des Alltags wie Bestellen von Büromaterial und dergleichen. Hier klare Regelungen zu treffen, die natürlich alle kennen müssen, spart viel Zeit und Ärger.

Wussten Sie, wie viele Mitarbeiter ein Problem damit haben, dass ihnen nicht genau klar ist, was zu ihren Tätigkeiten gehört und damit auch, was von ihnen erwartet wird? Das kann dazu führen, dass eine Führungskraft sich wundert oder gar darüber ärgert, dass bestimmte

Tätigkeiten nicht ausgeführt werden – und der Mitarbeiter seinerseits gar nicht weiß, dass diese zu seinen Aufgaben gehören. Vor allen Dingen kann es zu Verunsicherung oder gar Unmut führen, wenn jemand Tätigkeiten übertragen bekommt, die seiner Meinung nach nicht zu seinem Aufgabenbereich gehören. Eine gute Unterstützung und Orientierung sind hier Stellenbeschreibungen für den einzelnen Mitarbeiter: Die wesentlichen Aufgabengebiete werden dort niedergelegt. Und wenn sich etwas an der Stelle verändert, wird die Stellenbeschreibung natürlich ebenfalls aktualisiert.

Ganz wichtig ist natürlich auch, dass das Team die Aufgaben jedes Einzelnen kennt. Sonst kann es sein, dass sich Teammitglieder nicht an den betreffenden Kollegen wenden, auch wenn diese Person verantwortlich ist. Oder es passiert, dass die nötige Bereitschaft/Unterstützung fehlt. Ein Extremfall, der jedoch immer wieder vorkommt, ist, dass einem Mitarbeiter von einer Führungskraft eine bestimmte Tätigkeit aufgetragen wird – ohne dass es die Belegschaft weiß.

Eine Mitarbeiterin einer Unternehmensberatung berichtet: „Ich bin zuständig für unser Wissensmanagement-Projekt. Die verschiedenen Projektberater sollen nach dem Abschluss von Beratungen die Eckdaten der Beratung und vor allen Dingen die Schritte zur Lösung in unserer firmeninternen Wissensdatenbank niederlegen. So können andere Berater für ihre Projekte profitieren. Leider telefoniere ich mir die Finger wund, erkläre immer wieder, worum es geht, und laufe jedem hinterher. Wenn ich Glück habe, machen die Leute mit. Sonst sitze ich ihnen halt weiter im Genick.“ Auf Rückfrage stellt sich heraus, dass sowohl das Projekt als auch die zuständige Mitarbeiterin bei den Kollegen nicht oder nur unzureichend bekannt ist.

Wer weiß was/ist Experte auf einem bestimmten Gebiet?
Mit der Klärung dieser Frage stellen Sie nicht nur sicher, dass es keine Umwege und keine Zeitverschwendung gibt, sondern auch, dass die Potenziale und das Know-how Ihrer Leute ausgeschöpft werden können. Finden Sie auch heraus, wer ein bestimmtes Interesse für ein Fachgebiet oder eine Tätigkeit hat, die für Ihr Team und das Unternehmen

wichtig ist. Es bedeutet nicht nur eine schöne Motivation und Perspektive für den betreffenden Mitarbeiter, sondern das gesamte Team profitiert davon, wenn jemand begeistert zur Fachkraft wird und das Gelernte anschließend einbringt. Und: Nutzen Sie Ihre internen Experten doch aktiv! Ermutigen Sie die Teammitglieder, voneinander zu profitieren und ihr Wissen gegenseitig weiterzugeben.

Ein Beispiel hierfür: Die Computerabteilung eines Unternehmens war chronisch überlastet. Meist wurden die dortigen Mitarbeiter aus größeren Projekten herausgerissen und mit einfachen Anwenderproblemen konfrontiert („Mein Drucker druckt nicht", „Meine Datei ist weg", „Wie kann ich ein Makro erstellen" usw.). Die IT-Abteilung fragte nach, wer von der Belegschaft sich besonders für Computer interessiere. So wurden in einzelnen Abteilungen je nach Größe ein bis zwei „Super-User" eingesetzt. Die IT-Abteilung gab diesen Super-Usern kleine Schulungen und zeigte ihnen, wie die typischen Anwenderprobleme zu lösen waren. Außerdem wurden sie auf Softwarekurse geschickt. Dieses Vorgehen brachte jedem Gewinn: Die Computerabteilung wurde nicht mehr wegen Kleinigkeiten gestört, die Teamkollegen bekamen schnell und unkompliziert Hilfe – und die als Super-User ausgebildeten Teammitglieder profitierten nicht nur von ihren vertieften Computerkenntnissen, sondern waren zusätzlich motiviert, weil sie den Kollegen helfen konnten und für diese noch wichtiger wurden.

Wenn Mitarbeiter ihre Verantwortungsbereiche kennen und wissen, was damit zusammenhängt und was von ihnen erwartet wird, haben Sie die Voraussetzung für steigende Zufriedenheit geschaffen – eine sinkende Fehlerquote und mehr Identifikation mit der Arbeit. Natürlich ist es wichtig, dass mit dem Verantwortungsbereich auch ein gewisses Maß an Entscheidungskraft übertragen wird.

Arbeitsprozesse

Das englische Wort „Workflow“ bringt genau auf den Punkt, worum es geht: Die einzelnen Arbeitsschritte müssen so aufeinander abgestimmt sein, dass die Arbeit „fließen“ kann – es darf also nichts mehr geben, was dem reibunglosen Ablauf und somit der Zusammenarbeit im Wege steht. Und das ist wichtig:

- ✓ Die einzelnen Arbeitsschritte sind klar geregelt und aufeinander abgestimmt.
- ✓ Die Arbeitsabläufe sind so einfach wie möglich und immer in Hinblick auf das Ziel gestaltet.
- ✓ Die Mitarbeiter kennen und verstehen die Zusammenhänge.
- ✓ Die Arbeitsabläufe werden regelmäßig analysiert und auf Verbesserungs-/Vereinfachungspotenzial hin überprüft.

Achten Sie besonders auf die Schnittstellen: Denn wo Arbeit weitergereicht und an jemand anderen übergeben wird, hakt es gerne. Eine wichtige Voraussetzung dafür, dass der Workflow an den Schnittstellen reibungslos und konstruktiv abläuft, ist, dass die Einzelnen möglichst viel übereinander wissen. Das können Sie erreichen, indem Sie Ihre neuen Mitarbeiter sehr gut einarbeiten und Rahmenbedingungen für den regelmäßigen Austausch schaffen, zum Beispiel Meetings, um die Zusammenarbeit allgemein oder ganz spezielle Themen zu besprechen und zu klären, firmeninterne Infoveranstaltungen, Schnuppertage/-stunden oder Cross-Trainings in anderen Abteilungen und Teams.

So können Sie die Arbeitsprozesse unter die Lupe nehmen: Sie brauchen jede Menge Haftzettel (Post-its) plus freie Flächen (Stellwände, Flipcharts oder Wände). Setzen Sie sich mit Ihren Leuten zusammen, um zu dokumentieren und nachzuvollziehen, welche Arbeitsschritte es im Moment gibt. Die Aufgabe für Ihre Leute besteht darin, Ihnen mitzuteilen, was genau sie machen, und zwar Schritt für Schritt in der chronologischen Reihenfolge. Da es wichtig ist, wirklich alle Schritte zu erfassen (z. B. auch wenn ein Vorgang irgendwo „geparkt“ und erst später weiter bearbeitet wird), ist es sinnvoll, immer wieder nachzufragen und Dinge zu klären. Sie schreiben jeden einzelnen Arbeitsschritt auf einen eigenen Haftzettel – wenn der zu analysierende Ablauf mehrere Abteilungen/Teams betrifft, bietet es sich an, mit mehreren Farben zu arbeiten, um den Überblick zu erleichtern. Für den „Parkzustand“ können Sie entweder eine spezifische Farbe wählen oder sich auf ein bestimmtes Wort einigen (z. B. „wartet“). Sie kleben die Haftzettel in der chronologischen Reihenfolge an das Flipchart oder das Papier. Wenn alle Arbeitsschritte dokumentiert sind, können Sie sie gemeinsam mit Ihren Leuten durchsprechen und sich – immer mit den Unternehmenszielen vor Augen – beispielsweise klar machen:

Welche Arbeitsschritte sind notwendig und sinnvoll?
Welche Arbeitsschritte machen keinen oder wenig Sinn und können weggelassen werden?
Welche Arbeitsschritte sollten modifiziert/vereinfacht werden?
Welche Arbeitsschritte sollten besser von jemand anderem erledigt werden?
Ist eventuell eine andere Reihenfolge sinnvoller?
Welche Wartezeiten könnten verkürzt werden?

Sie werden sehen: Schon während Sie und Ihr Team die einzelnen Schritte besprechen und zu Papier bringen, gibt es jede Menge Aha-Effekte, Ideen und Verbesserungsvorschläge. Außerdem kommen sich die Leute näher und lernen sich besser kennen – und gemeinsam etwas zu erarbeiten, kann ungeheuer zusammenschweißen!

Zieldefinition

Bevor Sie sich an die Arbeit machen – ob im Arbeitsalltag oder in speziellen Projekt- und Arbeitsgruppen –, ist es wichtig, die Ziele konkret zu definieren. Wir hatten an anderer Stelle bereits das Beispiel „Kundenzufriedenheit" genannt und erwähnt, wie wichtig es ist, dieses allgemeine Ziel greifbar zu machen und auf die einzelnen beteiligten Teams/Personen herunterzubrechen. Sehen wir uns dieses Beispiel etwas näher an: „Wir wollen, dass unsere Kunden zufrieden mit uns sind." Schönes Ziel. Doch was heißt das denn nun genau? Erst wenn Sie Ihr Ziel konkretisieren,

- ✓ können Sie festlegen, was Sie tun müssen, damit es eintritt;
- ✓ sehen Sie, wo es Defizite und Hindernisse innerhalb des Unternehmens/der Arbeitsabläufe usw. gibt (die Sie nur lösen können, wenn Sie sie kennen);
- ✓ wissen alle Mitarbeiter, welche Details wichtig sind und was sie tun können/müssen, um das Ziel zu erreichen;
- ✓ können Sie für jede Abteilung oder für einzelne Mitarbeiter benennen, was das für diesen speziellen Tätigkeitsbereich bedeutet;
- ✓ können Sie wirklich einschätzen, wie Sie im Moment abschneiden, wo Sie gut sind und weitermachen sollten (und sich über Ihren Erfolg freuen) oder wo es vielleicht Verbesserungspotenzial gibt beziehungsweise wo dringend etwas getan werden muss.

So konkretisieren Sie das Ziel:
(1) Finden Sie heraus, was für Sie zur Kundenzufriedenheit gehört. Versetzen Sie sich in die Lage Ihrer Kunden (Sie können sie auch fragen oder bereits vorhandene Rückmeldungen – Lob/Reklamationen/neutrales Feedback – auswerten). Nun kommen Sie auf verschiedene Oberbegriffe, wie „schnelle Reaktionszeiten", „gute Qualität unserer Ware/Leistung", „unkompliziertes Handling", „übersichtliche Korrespondenz", „kompetente Mitarbeiter" ...

Vorsicht: Nicht alles, was ein Unternehmen gut findet, ist Kunden auch tatsächlich wichtig, anders gesagt, es gibt immer Unterschiede zwischen der Unternehmens- und der Kundenperspektive. Von daher ist es entscheidend, dass Sie in Interaktion mit Ihren Kunden treten oder die Abteilungen mit direktem Kundenkontakt zum Zuhören und aktiven Nachfragen animieren.

(2) Im zweiten Schritt heißt es, die gefundenen Oberbegriffe näher zu definieren, also noch weiter ins Detail zu gehen. Sie nehmen sich einen Begriff vor, etwa „schnelle Reaktionszeiten“, und legen fest: Was genau bedeutet „schnell“ für unsere Kunden (es gibt Branchen, in denen ein Sofort-Dienst oder ein Übernacht-Service wichtig ist, in anderen bedeutet „schnell“ zwei Wochen oder länger)? In welchen Bereichen spielt die Reaktionszeit eine große Rolle (Anfrage, Rückruf, Nachhaken, Angebot, Lieferung ...)?

Tipp: Gehen Sie zunächst alle im ersten Schritt ermittelten Oberbegriffe durch – ohne Details zu beachten, außer Sie nehmen sich erst einen einzigen Begriff vor, arbeiten diesen bis zum Ende durch und machen sich dann gleich an die Umsetzung. Ab Seite 94 finden Sie hilfreiche Kreativitätstechniken, die Sie bei diesem Prozess unterstützen können.

(3) In Phase drei gehen Sie die einzelnen Aspekte konsequent und detailliert durch – und brechen sie dann auf die jeweiligen Tätigkeitsbereiche herunter. Was bedeutet Maßnahme A ganz konkret für a) die Buchhaltung, b) den Empfang, c) den Vertrieb, d) das Lager usw.?

(4) Jetzt können Sie auch leicht erkennen, was sich sonst im Unternehmen/in der betreffenden Abteilung verändern muss oder wo es Hindernisse gibt und wie man sie überwinden kann.

Sie sehen, dass das Ziel „Kundenzufriedenheit“ plötzlich greifbar, umsetzbar und auch messbar geworden ist! Genauso können Sie mit allen weiteren Zielen umgehen: auch mit denen für Ihr ganzes Team oder den persönlichen Zielen einzelner Mitarbeiter. Nehmen wir an, eines Ihrer Teammitglieder kommt zu Ihnen mit dem Gefühl, auf der Stelle zu treten, und dem Wunsch, sich weiterzuentwickeln. Anstatt jetzt übereilt irgendeine Weiterbildung zu buchen (was leider oft geschieht), sollten

Sie den Mitarbeiter zunächst mit der Aufgabe betrauen, näher zu definieren, was „stehen bleiben/weiterentwickeln“ genau für ihn heißt, wo seine Ziele sind, wo er sich hinbewegen möchte ... Erst dann ist es sinnvoll, dass Sie als Führungskraft Ihre Einschätzung und konkreten Rat geben, in welche Richtung eine Weiterentwicklung Sinn macht.

Zeitplan und Zwischenziele

Zeit ist auch so ein heikles Thema, wenn es um Teamziele geht. Gerade bei Projekten mit fester Deadline kommt es hier oft zu Fragen, Verzögerungen oder Unklarheiten, weil man mit dem Faktor Zeit unrealistisch umgeht. Es werden zum Beispiel zu enge Zeiträume festgesetzt, und die Mitarbeiter, die mit der Aufgabe betraut sind, wissen von vornherein, dass eine Realisierung in dieser Frist nicht möglich ist. Das frustriert und hat Konsequenzen – intern für Motivation und Engagement und extern für das Image des Unternehmens.

Ein Softwareentwickler erzählt: „Mir sträuben sich immer die Haare, wenn ich mit dem Vertrieb zum Kunden gehe. Der Kunde will einen Termin, und ich weiß beim Durchsprechen des Projekts, dass es einfach nicht möglich ist, all das in dieser kurzen Zeit hinzubekommen. Zum einen wegen der Entwicklungsarbeit selbst, zum anderen wegen der internen und externen Abstimmung, den Schnittstellen, den erforderlichen Tests usw. Ich habe meinen Chef darauf angesprochen. Er sagte nur: Das ist normal. Wir wissen, dass das nicht realistisch ist. Aber der Kunde will es. Und irgendeiner von der Konkurrenz verspricht die Fertigstellung immer zum gewünschten Termin. Da ist es besser, dass wir zu allem Ja sagen und dann kurz vor Terminablauf eben eine Verlängerung fordern. Den Auftrag haben wir dann eh schon in der Tasche.“

Keine Frage – Zeit darf nie als Ausrede dafür genommen werden, wichtige Dinge nicht zu machen oder chronisch zu verschieben. Doch es ist selbstverständlich unabdingbar, mit der Zeitfrage sorgfältig und realistisch umzugehen.

Übrigens auch im umgekehrten Fall: Zu viel Zeit oder gar keinen Termin zu vereinbaren ist ebenso schädlich. „Wir sollten mal ...“ oder „Irgendwann ...“ oder „Wenn wir mal Zeit haben ...“ oder „Im nächsten Jahr möchte ich mal ...“ All das lädt zum Aufschieben ein. Und das blockiert nicht nur das Weiterkommen einzelner Mitarbeiter und des gesamten Teams/des Unternehmens, sondern es frustriert auch leicht, und kann in Lethargie münden.
Fragen Sie sich also in Verbindung mit den Zielen, die Sie erreichen möchten:

Bis wann muss oder möchte ich ein bestimmtes Ziel erreicht haben?
Wie sieht der realistische Zeitplan für Zwischenziele aus?
Habe ich diesen Zeitplan mit den betroffenen Teammitgliedern besprochen und halten sie ihn für realistisch? Haben wir gemeinsam Prioritäten festgelegt und vereinbart, welche anderen dringenden Dinge gegebenenfalls abgegeben oder auf Eis gelegt werden müssen?
Gibt es Hindernisse oder Bedenken zum Zeitplan? Wenn ja – was sind das konkret für Hindernisse? Ist es ein weiteres Zeitproblem/ein Konflikt mit anderen Tätigkeiten oder fühlt sich jemand nicht in der Lage, eventuell fachlich, eine Aufgabe zu übernehmen? Oder gibt es persönliche Schwierigkeiten untereinander, welche die Zusammenarbeit stören?

Ein Zeitplan ist nicht nur grundlegend für die Messbarkeit des „Wie weit sind wir?“, sondern er stellt auch einen kaum zu unterschätzenden Motivationsfaktor dar:

> Setzen Sie sich Zwischenziele und feiern Sie Ihre Fortschritte gemeinsam!

Aufstellen und Einhalten von Regeln

Wie geht es Ihnen persönlich mit dem Wort „Regeln"? Bei den meisten regen sich sofort leichter Widerstand und Unwohlsein ... Muss man denn alles reglementieren? Typisch deutsch: Für alles muss es Gesetze geben! Diese Haltung kann sehr kontraproduktiv sein, dann nämlich, wenn sie in eine regelrechte Scheu ausartet, sinnvolle Regeln zu vereinbaren und auf ihre Einhaltung zu achten.

Ohne Regeln, das zeigen uns sowohl das Eingangsbeispiel aus dem Sport als auch der Alltag jeden Tag aufs Neue, tun wir uns alle schwer. Denn sinnvolle Regeln geben Handlungsspielraum, sorgen für ein reibungsloses Miteinander, ermöglichen uns ein zielführendes Vorgehen und sie vermitteln auch Halt und Anleitung. Außerdem: Regeln gibt es sowieso – sie ergeben sich im gelebten Miteinander automatisch, ob man sie nun möchte oder nicht, ob man sie konkret benennt oder ob sie einfach da sind.

Ein klassisches Beispiel, das Ihnen möglicherweise sehr bekannt vorkommt, liefert die Firmenküche. Ein Team benutzt eine gemeinsame Küche. Für diese Küche gibt es zwar keine festen Regeln – doch für jeden scheint „klar", dass man sein benutztes Geschirr wegräumt, seinen Joghurt nach Ablauf des Verfallsdatums aus dem Kühlschrank entsorgt und dass man, wenn man etwas verschüttet hat, kurz drüberwischt. Eigentlich ein ganz automatisches und normales Verhalten, oder?

Doch wie sieht der Alltag in Firmenküchen aus? Kann sein, dass Ihre Firma die Ausnahme bildet – in den meisten Unternehmen ist der Zustand der Gemeinschaftsküche ein Trauerspiel und der Streit, der sich immer wieder daran entzündet, eine unendliche Geschichte. Abgesehen davon, dass die Querelen um das schmutzige Geschirr des Kollegen X auch die fachliche Zusammenarbeit beeinträchtigen kann, liegt hier die Ursache für den Ärger ganz offen: Regelverstoß! Der erste Aha-Effekt ist, dass wir immer mit bestimmten Regeln (geschriebenen oder ungeschriebenen) zu tun haben – und sie entweder achten oder dagegen verstoßen/sie einfach ignorieren. Auch wenn diese Rahmenbedingungen nicht vorgeschrieben und öffentlich bekannt, sondern „unsichtbar“ sind. Der zweite Aha-Effekt kommt nun: Was wird versucht, um Herrn X dazu zu bringen, sein Geschirr aufzuräumen? Hier eine Auswahl von Maßnahmen, die in vielen Unternehmen genau so angewandt wurden und werden:

(1) Zunächst legt sich jemand auf die Lauer, um Herrn X als Übeltäter zu enttarnen.
(2) Dann wird das persönliche und direkte Gespräch erst mal vermieden und lieber mit Kollegen beraten oder auch gelästert.
(3) Irgendwann gibt es eine Bemerkung – entweder vor mehreren Leuten, während Herr X anwesend ist oder gerade auf frischer Tat ertappt wird – im günstigsten Fall ist diese Bemerkung freundlich und konstruktiv, im schlechtesten Fall ist es ein verbaler Angriff.
(4) Reagiert Herr X darauf nicht, eskaliert die Situation weiter, denn nun geht es nicht nur um das dreckige Geschirr, sondern auch (und erst recht) darum, dass Herr X nicht auf die Bitte (oder Aufforderung) reagiert.
(5) Dann werden härtere Bandagen angelegt: Man reagiert mit dem Corpus Delicti. So findet Herr X sein dreckiges Geschirr am nächsten Morgen mitten auf seinem Schreibtisch wieder, oder jemand hat das Geschirr kurzerhand in den Müll geworfen (eventuell nach vorheriger Warnung).
(6) Nun ist eines passiert: Alle Beteiligten haben ein Riesenproblem miteinander, und es dreht sich schon lange nicht mehr um das Geschirr.
(7) Spätestens jetzt wird der Wunsch nach allgemeiner Intervention „von höherer Stelle“ laut: Feste Vorschriften müssen her, und Leute, die sich nicht daran halten, sollen die Küche nicht mehr nutzen dürfen. Oder der Chef solle eingreifen und Herrn X mal zeigen, wo's langgeht. Hier wird zum Verzweiflungsmittel „Zwang“ gegriffen – und zwar in erster Linie deswegen, weil sich keiner mehr zu helfen weiß und die Sache unbedingt irgendwie gelöst werden muss. Denn dieser Streit breitet sich aus, belastet die Einzelnen wie auch das Team und nimmt zu viel Raum ein.

So oder so ähnlich können Dinge ausarten – in unserem Fall war der Auslöser ein „kleines“ Alltagsproblem im Team. Sie können das Beispiel beliebig auf andere, auch rein fachliche Themen übertragen.

Genau darum ist es gut und hilfreich für alle in Ihrem Team, wenn Sie Regeln haben, für die Sie sich gemeinsam entscheiden. Natürlich ist das alleine noch kein Garant dafür, dass nun alles reibungslos läuft. Doch zum Einhalten von Regeln kommen wir noch. Unabhängig davon, ob es sich bei Ihrem Team um ein festes Team handelt, etwa eine Abteilung, die immer zusammenarbeitet, oder um ein temporäres Projektteam: Ausgangspunkt für das Erstellen sinnvoller Regeln ist, sich zunächst über die Erwartungen aller klar zu werden. Hier geht es um drei Ebenen:

Welche Erwartungen haben Sie als Teamleiter an Ihr Team?
Welche Erwartungen hat das Team an Sie als Teamleiter?
Welche Erwartungen hat das Team an die Teamarbeit und an die Teammitglieder?

Diese drei Ebenen unterteilen sich jeweils noch einmal in Erwartungen in Bezug auf fachliche Inhalte (ein paar Stichworte dazu: Ziele, Know-how, Informationsweitergabe, Arbeitsabläufe, Ergebnisse ...) und in Erwartungen in Bezug auf persönliches Miteinander (Umgangston, Einhalten von Terminen, gegenseitige Unterstützung ...).

Werden Sie sich über Ihre Erwartungen in diesen verschiedenen Bereichen klar (die Fragen ab S. 26 im ersten Kapitel helfen Ihnen dabei). Wichtig ist, dass Sie konkret werden und realistisch bleiben – hinterfragen Sie sich selbst und definieren Sie, was Sie genau meinen. Überlegen Sie sich am besten jeweils ein Beispiel, dann werden Ihre Erwartungen auch für Sie selbst gleich greifbarer. Sprechen Sie auch mit den Teammitgliedern über deren Erwartungen an Sie und an die Teamarbeit. Für das alles wird es kaum bei einer Besprechung bleiben, denn dafür ist das Thema zu komplex. Regen Sie Ihre Mitarbeiter an, sich Gedanken zu machen und Ideen und Vorschläge einzubringen.

Von den Erwartungen leiten sich im nächsten Schritt sinnvolle Regeln ab. Hier kommen Sie als Teamleiter wieder ins Spiel: Es wird Muss-Regeln und Kann-Regeln geben. Typische Muss-Regeln sind zum Beispiel festgelegte Arbeitsabläufe: Wie sieht ein vollständiger Geschäftsvorgang aus, welche Angaben müssen unbedingt vorhanden sein usw.?

Muss-Regeln müssen von jedem Mitarbeiter eingehalten werden – und Ihre Aufgabe als Führungskraft besteht zum einen darin, auf die Einhaltung zu achten, und zum anderen darin, sich auch selbst daran zu halten und mit gutem Beispiel voranzugehen.

Beispiel: Ein ganz wichtiger Aspekt, wenn mehrere Leute an einer Sache arbeiten, ist das Einhalten von Terminen. Man braucht eine Information oder den „Handgriff" eines Kollegen, bevor man selbst weiter arbeiten kann. Man hat telefonisch oder per E-Mail bei diesem Kollegen angefragt, sich möglicherweise sogar auf einen Termin geeinigt. Doch der Kollege kommt nicht in die Gänge. Das ist übrigens einer der häufigsten Frustfaktoren sowie Zeit- und Energiediebe in Unternehmen: „Immer muss ich allen x-mal nachlaufen, bevor ich meine Informationen bekomme!" Kommt Ihnen das bekannt vor?

Termine einzuhalten oder rechtzeitig Bescheid zu geben, wenn etwas dazwischen kommt beziehungsweise weitere Informationen gebraucht werden, ist auf jeden Fall eine Muss-Regel, die es im gesamten Team zu etablieren gilt. Die gute Nachricht: Bei dieser Regel – wie auch generell, wenn Regeln auf die Bedürfnisse der Leute und der Inhalte sinnvoll abgestimmt sind – rennen Sie offene Türen ein. Denn jedes Teammitglied ärgert sich über diesen Punkt und möchte reibungslos an seinen Projekten arbeiten können. Schreiben Sie einmal auf:

Welche vereinbarten oder „unsichtbaren" Regeln gibt es bei uns?
Wie konkret sind sie formuliert (schriftlich oder mündlich)?
Sind die Regeln sinnvoll? Wenn ja: weswegen? Wenn nein: weswegen?
Werden sie eingehalten? Wenn ja: weswegen? Wenn nein: weswegen?
Haben wir unsere Erwartungen im Team konkretisiert und einander auch mitgeteilt? Wenn ja: inwiefern genau/welche? Wenn nein: Wie sieht der Ist-Zustand aus? (Nehmen Sie gegebenenfalls die Erklärungen etwas weiter oben zuhilfe und formulieren Sie Ihre Erwartungen, alleine und mit Ihrem Team.)
Welche Regeln möchten wir im Team besprechen und einführen? (Gehen Sie anhand der Erwartungen vor – und unterscheiden Sie auch Muss/Kann.)

Noch ein wichtiger Tipp: Werden Sie beim Vereinbaren von Regeln immer konkret. Sonst kann niemand etwas damit anfangen, weil der Interpretationsspielraum zu groß ist.

Ein banales Beispiel: Ein Seminar dauert eine Woche. Während dieser Zeit bilden die Seminarteilnehmer quasi ein temporäres Team. Der Seminarleiter gibt zu Beginn die jeweiligen Kurs- und Pausenzeiten bekannt und bittet darum, dass jeder pünktlich im Seminarraum erscheint. Am ersten Tag und an den folgenden Tagen beginnt das Seminar zirka eine Viertelstunde später: Diejenigen, die unter „pünktlich" die konkrete Uhrzeit verstehen, sitzen höchst verärgert da und warten. Diejenigen, die mit der „akademischen Viertelstunde" rechnen, kommen gut gelaunt fünfzehn Minuten später und fragen sich, warum sich die anderen aufregen. Der Seminarleiter, der selbst täglich um Pünktlichkeit bittet, schwankt zwischen genauer Uhrzeit und akademischer Viertelstunde. Jeder Seminartag beginnt – auf beiden Seiten – mit Frust und Verärgerung. Und schon nach zwei Tagen wird ein sehr bewusstes Spielchen daraus. Denn jeder fühlt sich im Recht. Dabei wäre die Lösung für beide Seiten ganz einfach: Würde allgemein vereinbart, dass das Seminar statt um 9 Uhr um 9.15 Uhr beginnt, wäre die Sache klar – dann könnten sich alle darauf verlassen.

Schließlich ist zu prüfen, ob es widersprüchliche Regeln gibt oder ob „Worte und Taten" auseinander gehen. Widersprüche stellen ganz massive Hindernisse dar, aber manchmal ist man sich dessen nicht bewusst.

Beispiel: Sie appellieren an Mitarbeiter, sich zu melden, wenn ihnen ein Fehler unterläuft oder es zu einer Verzögerung kommt. Denn wenn man sich rechtzeitig darum kümmert, kann man alternative Lösungen finden oder Schadensbegrenzung betreiben. Gleichzeitig ist jeder Fehler/jede Verzögerung jedoch ein Riesendrama: Die Leute werden mit Vorwürfen überhäuft oder haben gar heftige Konsequenzen zu tragen, beispielsweise Bonusverlust, keine Beförderung oder Ähnliches. Hier ist ganz klar: Ich kann nicht Offenheit und schnelle Reaktion erwarten, wenn ich gleichzeitig mit dem Holzhammer auf diejenigen losgehe, die dieser Erwartung entsprechen.

Kommen wir nun zum Einhalten der Regeln. Klingt alles ganz gut, sagen Sie vielleicht, doch nur weil ich eine Regel vereinbare, heißt das noch lange nicht, dass dann auch geschieht, was ich möchte. – Ganz klar. So einfach geht es nicht. Allerdings ist noch einmal zu betonen: Sofern es sich um sinnvolle Erwartungen/Regeln handelt, die

- ✓ gemeinsam vereinbart werden (Unterscheidung in Kann- und Muss-Regeln),
- ✓ konkret formuliert sind,
- ✓ klar vermittelt werden,

brauchen Sie keine große Überzeugungsarbeit zu leisten. Was sinnvoll ist und dem Team und jedem Einzelnen etwas bringt, wird in der Regel ebenso problemlos und gern umgesetzt wie auch eingehalten. Für sinnvolle Regeln setzt sich außerdem das gesamte Team ein und reguliert „sich“ in der Regel von alleine, wenn intern einmal etwas nicht so läuft, wie es soll. Fragen Sie sich einmal, wie Ihre aktuelle Situation aussieht:

Was passiert derzeit, wenn jemand eine Regel nicht einhält (denken Sie zum Beispiel daran, dass Arbeitsabläufe nicht wie vereinbart ausgeführt oder Termine nicht eingehalten werden ...)? Wie verhält sich die Person, die sich nicht daran hält? Wie verhalten sich Kollegen, die es mitbekommen/davon betroffen sind? Wie verhalten Sie sich als Chef?
Ist Ihre jetzige Maßnahme (Gespräch, Vereinbarung, Sanktion ...) erfolgreich? Klappt es danach?
Wenn Ihre jetzige Maßnahme nicht erfolgreich ist: Was passiert beim nächsten Mal?

Regeln werden nur dann eingehalten, wenn sie von Ihnen und Ihrem Team respektiert und ernst genommen werden. Das bedeutet unter anderem, dass die Person, die sich nicht an die Vereinbarung hält, darauf angesprochen wird: Und zwar nicht unbedingt von Ihnen als Teamleiter, sondern durchaus auch von anderen Teammitgliedern, die unmittelbar betroffen sind oder die es bemerken. Ansprechen bedeutet: sagen, was Sache ist, nach dem Grund für die Nichteinhaltung fragen, auf den Sinn und die Konsequenzen der Regel hinweisen. Darüber hinaus muss die Person möglichst selbst den Fehler korrigieren oder die Zusatzarbeit machen, ohne dass ein anderer einspringt. Schließlich sollten Sie je nach Ernsthaftigkeit der Lage auch bereit sein, weitere Konsequenzen zu ziehen.

Denken Sie daran, zu überprüfen, wie klar die Muss- und Kann-Regeln Ihren Mitarbeitern sind. Häufig werden die Erwartungen nicht mit der notwendigen Ernsthaftigkeit vermittelt – und als Folge davon nur halbherzig umgesetzt. Oder sie werden, vor allem an neue Mitarbeiter, nicht ordentlich weitergegeben. Meist handelt es sich um ein Missverständnis oder um ein Versehen, darum ist es unumgänglich, dass Sie genauer nachfragen und nicht sofort eine Standpauke halten. Die größten Barrieren dafür, dass Regeln eingehalten werden, sind tatsächlich das Darüberhinwegsehen, wenn jemand einen Fehler macht oder (bewusst/unbewusst) gegen Vereinbarungen verstößt, sowie das Ausbügeln. Hier ein klassisches Beispiel:

In einem Team ist vereinbart, dass jeder, der einen Anruf entgegennimmt, sofort die Kundennummer im Computer recherchiert und auf dem Bestellzettel notiert, bevor er die Bestellung weitergibt. Auf diese Weise kann man auf Anhieb sehen, ob der Kunde bereits in der Datenbank existiert oder neu angelegt werden muss (ein etwas langwieriger Prozess, der möglichst früh am Tag passieren sollte, damit es später weder Stau noch zusätzliche Belastung gibt). Ein neuer Mitarbeiter tut dies nicht. Seine Kollegin ärgert sich jedes Mal aufs Neue, sucht selbst die Kundennummern heraus, telefoniert, wenn nötig, mit dem Kunden, um die Adressdaten nachträglich zu erfragen. Nach einiger Zeit sagt sie dem Kollegen die Meinung, arbeitet aber weiterhin selbst nach. Sie prüft nicht, ob dem Kollegen die Zusammenhänge klar sind, sie unterlässt es zu fragen, warum er sich so verhält, und sie gibt ihm auch nicht die Vorgänge zur Bearbeitung zurück.

Wenn der Kollege nicht weiß, warum er sofort nachfragen muss und wieso diese Regel für alle sinnvoll ist, lernt er es in diesem Beispiel nicht. Unterlässt er die Recherche absichtlich, dann hat er gelernt, dass er außer ein bisschen Geschimpfe keine Konsequenzen zu erwarten hat, denn die Kollegin kümmert sich ja selbst um die Arbeit.

Vielleicht sind Sie im Beispiel eben über die Formulierung „unterlässt es zu fragen, warum er sich so verhält“ gestolpert. Nach den Gründen für das Fehlverhalten zu fragen hat eine wichtige Funktion: Zum einen fördert es möglicherweise den Grund zutage (der „Übeltäter“ hält die Regel für unnötig oder kennt ihre Gründe nicht). Zum anderen nimmt man die Person damit in die Pflicht und erreicht, dass sie sich zum Thema äußern muss (im Gegensatz zu Stillschweigen oder In-die-Defensive-Drängen, was von der eigentlichen Sache ablenkt). Übrigens kann ein solcher Widerstand auch sehr konstruktiv sein und etwa zur Erkenntnis führen, dass eine Regel tatsächlich nicht sehr sinnvoll ist oder einer Änderung bedarf. Also ist eine kritische Haltung grundsätzlich absolut begrüßenswert – in dem Fall ist es jedoch auch wichtig, dem Mitarbeiter zu vermitteln, dass er nicht einfach „anti“ sein und sich gegen bestimmte Dinge wortlos sperren sollte, sondern dass es allen mehr bringt, konstruktiv an die Sache heranzugehen und die Bedenken/neuen Ideen zur Sprache zu bringen.

Wichtig: Jeder im Team ist gefragt! Und nicht alles ist Chefsache. Sämtliche Teammitglieder müssen offen und konstruktiv miteinander umgehen können – in dem Wissen, dass es für alle okay ist, sich gegenseitig auf Fehler usw. aufmerksam zu machen. Viele Menschen zögern, ihren Kollegen etwas zu sagen, gerade wenn es sich um ein Verhalten handelt, das sie als falsch einschätzen. Möglicherweise kennen Sie das Gefühl auch selbst: „Ich hab der Person doch nichts zu sagen, ich bin ja nur ein Kollege und nicht in irgendeiner Form autorisiert dazu.“ In einem guten Team traut sich jeder, auf den anderen zuzugehen. Das passiert nicht von alleine, sondern ist Teil einer Teamkultur, die etabliert und zu der ermutigt werden muss. Im Englischen gibt es dafür den schönen Begriff Empowerment (*to empower* = jmdm. mehr Entscheidungsbefugnis, Macht geben, ihn befähigen, ermächtigen). Unterstützen Sie Ihre Mitarbeiter dabei, ungeachtet etwaiger „Chef-Verhältnisse“ offen aufeinander zu- und miteinander umzugehen. Auch wenn es sich um Kritikpunkte handelt.

Informationswege und -weitergabe

Meist wird die bloße Informationsweitergabe mit Kommunikation gleichgesetzt: „Ich habe alle nötigen Infos weitergegeben, also haben wir eine gute Kommunikation." Doch Kommunikation ist weit mehr als das – effektive, offene Kommunikation bildet die Grundlage für eine gute und reibungslose Zusammenarbeit, eben für den Teamgeist.

Die Weitergabe von Informationen und die Kommunikation untereinander betreffen natürlich alle Beteiligten: Die Führungskraft muss ihr Team informieren und auf dem Laufenden halten, wie auch die Teammitglieder sich gegenseitig. Diesen aktiven Austausch gilt es immer wieder anzuregen. Viele Führungskräfte gehen davon aus, jeder sei so stark an diesem Prozess interessiert, dass er sich von alleine beteilige. Die vielen Diskussionen der letzten Jahren um misslungenes Wissensmanagement und um Mitarbeiter, die ihr Wissen nicht weitergeben, hat deutlich gemacht, dass die Sache so einfach nicht ist. Wie gut Informationen fließen und ob überhaupt ein Austausch stattfindet, sollten Sie nicht dem Zufall überlassen, sondern planen und aktiv betreiben. Dafür stehen Ihnen unterschiedliche Möglichkeiten zur Verfügung:

- ✓ Gehen Sie auf das Thema in Einzelgesprächen ein und nehmen Sie eventuell die Informationsweitergabe in die Liste der Kriterien für Teamfähigkeiten auf.
- ✓ Seien Sie im Arbeitsalltag präsent und sagen Sie immer wieder „Gib das weiter"; versammeln Sie eventuell spontan die Leute um sich.
- ✓ Stellen Sie klare Regeln auf, welche Art von Informationen die Einzelnen weitergeben müssen, und vereinbaren Sie, in welchem zeitlichen Rahmen und über welches Medium (z. B. E-Mail).
- ✓ Stellen Sie klare Regeln auf, wie sich die Leute um die Beschaffung von Informationen selbst kümmern müssen (nach Urlaub, Krankheit usw.).
  Die letzten beiden Dinge lassen Sie am besten Ihre Leute selbst erarbeiten.
- ✓ Berufen Sie regelmäßig Meetings ein, in denen es um strukturierten Informationsaustausch geht. Etwas weiter unten erhalten Sie kon-

krete Fragen, die Sie im Rahmen solcher Teammeetings stellen und gemeinsam bearbeiten können, um Ihre individuelle Kommunikation zu prüfen und zu optimieren.

An Kommunikationsmitteln steht mittlerweile eine breite Palette zur Verfügung: das persönliche Gespräch, Telefon, Schriftstücke/Nachrichten auf Papier, Umläufe, E-Mails, Aushänge, Pager ... das Ganze mit zwei oder mehr Beteiligten. Da kann es – im regulären Arbeitsalltag und bei besonderen Projekten – ganz schön komplex werden. Deshalb ist es sehr sinnvoll und hilfreich, die Kommunikation und das Weitergeben von Informationen zu planen und zu steuern.

Wenden wir uns zunächst den Extremen zu – denn darüber wird nicht nur am meisten geklagt, sondern es stecken tatsächlich auch die größten Hindernisse darin: das Zuviel und das Zuwenig. Das Zuviel kommt auf mannigfache Weise zustande. Vielleicht ist Ihnen spontan die E-Mail-Flut eingefallen. Und tatsächlich: So hilfreich die elektronische Post ist, so hinderlich wird sie in vielen Unternehmen. Die schiere Menge an E-Mails, das Verschicken von Informationen an zahlreiche CC- und BCC-Empfänger erzeugt auch Verwirrung und vor allen Dingen Druck. Letzteres nicht nur durch Überlastung („Wann soll ich das alles lesen/beantworten?"), sondern auch wegen der Angst, den Überblick zu verlieren („Hoffentlich verpasse ich nichts Wichtiges, wenn ich nicht alles genau oder zeitnah lese"), durch ständige Unterbrechungen („Ah, eine neue E-Mail, gleich mal schauen"/„hohe Priorität, das muss eilig sein") und durch doppelte Arbeit (mehrere Empfänger beginnen die gleiche Arbeit). Auch bei Besprechungen – seien es Einzelgespräche oder Meetings mit mehreren Personen – gibt es meist ein Zuviel: zu oft, zu lange, zu viele Leute, zu viele Erklärungen, zu unergiebig ... Das andere Extrem ist: Nichts oder zu wenig wird weitergegeben. Oder es handelt sich um lückenhafte Informationen. Nehmen Sie sich die Zeit, Ihre aktuelle Informationskultur zu analysieren, bei Bedarf neu zu planen – und gemeinsam zu vereinbaren:

Welche Kommunikationswege stehen uns zur Verfügung?
Welche davon nutzen wir überhaupt? In welcher Form nutzen wir

sie vorteilhaft – in welcher Form behindern/stören sie uns?
Passt die jeweilige Information zu dem von uns gewählten Kommunikationsmittel (z. B. schickt der Empfang eine Bitte um Rückruf per E-Mail, es kann jedoch sein, dass jemand seine E-Mails erst Stunden später ansieht)? Wenn nein: Was ist die bessere Variante? Oder: Welche Regeln möchten wir vereinbaren, damit die Möglichkeiten des Kommunikationsmittels auch genutzt werden?
Bei technischen Kommunikationsmitteln: Kennt jedes Teammitglied die Feinheiten der Bedienung oder gibt es Schulungsbedarf? Haben wir einheitliche und klare Regeln zur sinnvollen Benutzung?
Wie laufen bei uns Besprechungen (Zweiergespräche/Team-Meetings) üblicherweise ab? Was läuft gut, was wollen wir beibehalten? Wo gibt es Hindernisse, Informationslücken oder Ärgernisse? Wie können wir diese beheben?

Nachfolgend für die beiden Kommunikationswege E-Mail und Besprechungen/Meetings einige hilfreiche Tipps.

Sinnvolle E-Mail-Regeln:

- ✓ Vereinbaren Sie, wie mit Empfängeradressen und mit Kopie(CC)-Empfängern verfahren wird. So sollte beispielsweise klar sein, dass ein CC-Empfänger die E-Mail lediglich zur Information erhält und selbst nichts tun muss. Auch das „nur zur Information“ sollte sinnvoll ausgefiltert werden, denn die Informationsmasse wird schnell unüberschaubar.
- ✓ Legen Sie bei „offiziellen Dokumenten“ wie Berichten usw. fest, wer welche Informationen bekommen soll.
- ✓ Der Betreff muss immer kurz und aussagekräftig sein und so genau wie möglich darüber Aufschluss geben, worum es sich handelt. Dadurch kann der Empfänger schnell entscheiden, ob er etwas sofort bearbeiten kann/möchte/muss. Später findet sich die E-Mail auch leichter wieder.
- ✓ Viele E-Mail-Programme erlauben, mittels Symbolen Prioritäten zuzuweisen. Vereinbaren Sie innerhalb Ihres Teams, dass diese Symbole nur dann eingesetzt werden, wenn sie wirklich Sinn machen. In der

Regel kommen „normale" E-Mail-Nachrichten ohne jede Priorität aus. Das Attribut „hohe Priorität" sollte nur dann vergeben werden, wenn etwas wirklich eilig ist. Dann nimmt man es innerhalb des Unternehmens auch ernst. Und die „niedrige Priorität" kann vergeben werden, wenn etwas nicht wirklich wichtig ist oder länger warten kann.

✓ Zur Archivierung von E-Mails: Es sollte tabu sein, dass E-Mails generell ausgedruckt und abgeheftet werden. Ja, jetzt lachen Sie vielleicht, doch das ist gar nicht selten der Fall! Auch das Archiv im E-Mail-Programm selbst sollte jeder Mitarbeiter sinnvoll mit Ordnern strukturieren (und zwar so eindeutig, dass auch eine Vertretung sich zurechtfindet) – wobei diese Ordnung ebenfalls mit Bedacht zu wählen ist. Halten Sie alle Mitarbeiter dazu an, Unwichtiges zu löschen (auch im Sinne unnötig belegten Speicherplatzes auf Ihrem Server!).

✓ Der Text jeder E-Mail hat kurz und aussagekräftig zu sein. Auch das muss vereinbart werden. Langatmige Erklärungen oder auch Witze und Zusatzinformationen, die zu ganz anderen Themen gehören, verwirren nur und erschweren das Erfassen und Bearbeiten von Informationen.

✓ Datei-Anhänge sollten immer so verschickt werden, dass sie vom Empfänger problemlos geöffnet werden können – dazu gehört die Wahl eines Dateiformates oder, wenn Dateien komprimiert werden, eines Packprogrammes, das der Empfänger sicher hat. Und dazu gehört die Formatierung: Wenn der Empfänger den Anhang ausdrucken möchte, sollten die Ränder richtig gestellt sein und keine unnötigen Seiten am Dokument hängen. Das verärgert nicht nur, sondern führt zu unnötiger Mehrarbeit auf Empfängerseite. Klar sein muss, dass Anhänge virenfrei sind (vorher mit einem aktuellen Virenscanner checken).

Bezüglich Mailbenutzung und Dateianhängen sollte eine allgemein verbindliche Vereinbarung getroffen werden, was bei externen Mailkontakten zu beachten ist. Ein großes Problem in punkto Arbeitszeit, Softwarekonflikten, Speicherplatz und vor allen Dingen Viren ist der Versand und das Öffnen/Installieren von Witzdateien/Programmen.

Meetings planen und effizient durchführen:

- ✓ Besprechungen immer vorbereiten: Legen Sie auch bei kleineren Meetings Tagesordnungspunkte fest und halten Sie sie ein. Definieren Sie die Themen so präzise, dass jeder Teilnehmer weiß, worum es geht, sich vorbereiten oder seine Teilnahme absagen kann, wenn sich herausstellt, dass er zu diesem Zeitpunkt oder generell zu diesem Thema nichts Wesentliches beitragen kann.
- ✓ Wählen Sie anhand der zu besprechenden Themen genau aus, welche Teilnehmer sinnvollerweise dabei sein sollen: Wer muss unbedingt persönlich anwesend sein und wer lediglich im Nachhinein über weitergehende Fragen/Themen/Ergebnisse informiert werden?
- ✓ Geben Sie den Teilnehmern genügend Informationen, damit sie sich vorbereiten können – und bestehen Sie auch auf eine Vorbereitung. „Sich einfach mal eben ins Meeting setzen" sollte es nicht geben.
- ✓ Bestimmen Sie einen Moderator, der sich um die Einhaltung der Themen kümmert, die Zeit im Blick behält und bei abschweifenden Diskussionen die Gruppe zurück zum Thema führt.
- ✓ Apropos Zeit: Achten Sie bei allen auf Pünktlichkeit! Geben Sie einen Zeitrahmen vor und halten Sie ihn auch ein.
- ✓ Ergeben sich in einer Besprechung weitere Themen oder Einwände, die wichtig sind, jedoch besser getrennt besprochen werden, dann halten Sie fest, worum es geht, und bestimmen Sie gemeinsam jemanden, der sich darum kümmern wird. Das gilt auch für Gespräche, die nur einen Teil der Anwesenden interessieren: Sofern ein Thema angeschnitten wird und sich als dringend herausstellt, kann man dessen Besprechung ans Ende des Meetings verschieben. Dann können die Personen, die es nicht betrifft, wieder an ihre Arbeit gehen und die Betroffenen die Sache ausdiskutieren (auch diese Spontanbesprechung unbedingt mit Moderator und Blick auf Thema/Uhr).
- ✓ Nicht jeder Mitarbeiter nimmt aktiv an Besprechungen teil. Manche sind etwas schneller im Denken/Entscheiden als andere. Manche sind „lauter", andere zurückhaltender. Vereinbaren Sie mit allen Teammitgliedern einen respektvollen Umgang (ausreden/zu Wort kommen lassen, nachfragen statt kontern, Bedenken äußern

statt runtermachen und urteilen). Der Moderator sollte auch darauf achten, dass alle Teammitglieder in ausgewogenem Maße zu Wort kommen, und ruhigere Teilnehmer aktiv ins Gespräch führen.

- ✓ Kein Meeting ohne Ergebnisse! Schreiben Sie ein Protokoll (lediglich ein Ergebnisprotokoll, kein langatmiges Wortprotokoll), aus dem hervorgeht, was besprochen wurde und wer bis wann was mit wem erledigt oder in die Wege leiten wird.
- ✓ Achten Sie auf die Einhaltung der vereinbarten Aufgaben-Termine!
- ✓ Achtung: Bei regelmäßigen Besprechungen kommt es vor, dass es nicht wirklich etwas zu erörtern gibt. So haben zum Beispiel viele Teams irgendeinen wöchentlichen Termin, um sich gegenseitig darüber zu informieren, was ansteht oder was war. Oft versanden diese regelmäßigen Zusammenkünfte in Plauderrunden. Sagen Sie einen solchen Termin ab, wenn es nichts zu sagen gibt, oder fassen Sie die Besprechung kurz. Jedes Teammitglied sollte sich trauen zu sagen, wenn es nichts zu besprechen gibt – und nicht etwa aufgrund des Erwartungsdruckes irgendetwas erfinden.

Sie sehen: Es gibt ein ganz erhebliches Potenzial an Verbesserungen. Bleiben wir doch gleich beim Thema Besprechungen und Synergieeffekten und sehen wir uns einige hilfreiche Kreativitätstechniken an.

Kreativität im Team

Das Team als Summe aller Kompetenzen und Ideen stellt das Ideal dar. Um der Kreativität aller Teammitglieder und der Zusammenarbeit untereinander auf die Sprünge zu helfen, können Sie sich aus einer Vielzahl von Methoden und Kreativitätstechniken bedienen. Hier stellen wir Ihnen einige vor. Beachten Sie aber immer die folgenden Regeln:

Nicht zensieren
Nie sofort einzelne Ideen weiterführen oder verwerfen, sondern zunächst nur sammeln
Erst wenn die Sammelphase abgeschlossen ist, sortieren und priorisieren
Danach die nächsten Schritte einleiten und die gesammelten Ideen konsequent weiterentwickeln

Der Grund dafür ist klar: Wenn Ideen zu schnell bewertet und diskutiert werden oder über ihre Verwertbarkeit entschieden wird, blockiert das den Gedankenfluss aller Beteiligten und damit die Entstehung möglicher guter Ideen und Lösungen. Sehr viele Ideen werden buchstäblich im Keim erstickt, weil man sie nicht weiterentwickelt.

Tatsächliche oder vermeintliche Hindernisse und Befürchtungen führen häufig dazu, dass man Einfälle von Haus aus verwirft. Zu teuer, nicht machbar, keine Zeit, fixe Idee, zu umständlich, wird nicht angenommen usw. Andererseits ist es natürlich essenziell, eventuelle Hindernisse, Einwände und Befürchtungen ernst zu nehmen. Notieren Sie diese separat und kommen Sie zu einem späteren Zeitpunkt darauf zurück. Gerade in der Ideenfindungs- und Sammelphase sollte Zensur tabu sein.

Brainstorming

Sicherlich kennen Sie die Methode des Brainstormings und wenden sie möglicherweise bereits erfolgreich an. Die Grundregeln sind:

- ✓ Jeder darf alles sagen. Alles ist willkommen und wird schriftlich festgehalten. Das Ziel ist: Quantität vor Qualität.
- ✓ Auch „Unsinn" oder absurd erscheinende Ideen sind erwünscht.
- ✓ Keine Kritik! Killerphrasen sind absolut verboten – so auch jede Bewertung oder weiterführende Diskussion zu genannten Ideen.
- ✓ Das Ziel des Brainstormings ist das Sammeln von Ideen und Assoziationen: Deshalb ist es ausdrücklich erwünscht, Einfälle anderer aufzunehmen und weiterzuentwickeln.

Es ist sinnvoll, die Zeit für das gemeinsame Brainstorming zu beschränken. Geben Sie nicht zu wenig, aber auch nicht zu viel Zeit – je nachdem, worum es geht und wie viele Leute beteiligt sind, maximal 30 Minuten. Zwar können Sie das Brainstorming ohne irgendwelche Begrenzungen durchführen, auch was die Anzahl der Leute angeht, doch natürlich würde es bei zu vielen Menschen unfokussiert. Eine überschaubare Gruppe, mit der sich gut arbeiten lässt, besteht aus höchstens zehn bis zwölf Leuten.

Tipp: Denken Sie daran, dass Sie größere Gruppen teilen und kleinere Brainstormings parallel in Gruppenarbeit laufen lassen können, um anschließend die Ergebnisse zusammenzuführen.

Warum bewertet man nicht gleich während des Brainstormings? Der Grundgedanke des Brainstormings ist, so viele Ideen wie möglich zu finden. Werden zu früh Bewertungen vorgenommen, wird das Brainstorming unterbrochen, um sofort eine Idee im Detail weiterzuverfolgen – oder geht es gar um Beurteilung, Skepsis und Kritik, so versiegen häufig die Ideen sehr schnell wieder. Womöglich halten sich teilnehmende Personen zurück, aus Angst, etwas Falsches zu sagen, ins Kreuzfeuer der Kritik zu geraten oder einen spontanen Einfall bis ins Kleinste erklären oder gar verteidigen zu müssen.

Hier sieht man sehr gut, wie man sich durch vorzeitige Bewertungen Chancen vergibt und möglicherweise die beste Lösung erst gar nicht entwickelt. Denn häufig sind es spätere Kombinationen von Gedankenfragmenten oder unterschiedlichen Einfällen, die einen Lösungsweg noch besser machen. Auch kann eine Idee, die zwar verworfen wird, als Zündfunke dienen und andere Ideen auslösen. Auch vermeintlich abstruse Ideen bergen dieses Potenzial.

Brainwriting („Methode 6-3-5“)

Diese Methode bedeutet, dass sechs Teilnehmer jeweils drei Ideen/Lösungsvorschläge für ein Problem aufschreiben und dafür je fünf Minuten Zeit haben. So geht's:

- ✓ Sie brauchen ein „Formular“ – ein Blatt Papier mit drei Spalten und sechs Zeilen. Das kopieren Sie sechsmal. Jetzt trägt jeder seine drei Ideen ein.
- ✓ Nach fünf Minuten werden die Blätter im Uhrzeigersinn weitergegeben.
- ✓ Jetzt liest man die Vorschläge des Vorgängers und schreibt entweder Ideen auf, die vorhergehende aufgreifen und weiterentwickeln, oder auch völlig neue. Wiederum hat jeder nur fünf Minuten Zeit für die eigenen drei Ideen.
- ✓ So macht man weiter, bis die Blätter voll sind. Idealerweise haben Sie nun 6 x 18 = 108 Ideen.

Nun geht es an die Auswertung. Dafür gibt es unterschiedliche Möglichkeiten. Entweder eine Person filtert gleiche oder ähnliche Einfälle aus. Oder aber ein Hauptverantwortlicher greift die aus seiner Sicht vielversprechendsten Ideen heraus und entwickelt sie in einer späteren Sitzung. Man kann die Blätter auch noch einmal in Umlauf geben, und jeder Teilnehmer markiert auf dem ganzen Blatt seine drei Favoriten. Natürlich funktioniert die Methode auch mit einer anderen Personenanzahl und verschiedenen Zeitvorgaben. Vielleicht möchten Sie mit weniger Teilnehmern arbeiten, dafür jedoch etwas mehr Zeit zum Nachdenken haben.

Ideen-Umfrage

Die Ideen-Umfrage können Sie persönlich oder schriftlich (z. B. per E-Mail) machen. *Tipp:* Nicht immer ist es wichtig, dass die befragten Personen sich auch fachlich mit der Materie auskennen. Im Gegenteil: Es kann sogar völlig neue Impulse geben, wenn dies nicht der Fall ist. Unter Umständen ist es auch hilfreich, eine Methode mehrmals anzuwenden und die Ausgangsfrage etwas anders zu formulieren.

Stellen Sie die Frage in einfachen und präzisen Worten, sodass die Person – besonders wenn sie nichts damit zu tun hat – keine Hemmungen hat, „nicht genug zu wissen". Achten Sie dabei unbedingt auf die Fragestellung. Nehmen wir an, Sie möchten gerne den Teamgeist verbessern. Sehen wir uns drei verschiedene Formulierungen an, dann merken Sie sofort, wie stark die Frage die Antwort beeinflusst: Die Fragestellung gibt eine Richtung vor und lenkt damit die Gedanken der Befragten.

Was könnten wir deiner Meinung nach tun, damit der Teamgeist besser wird?
Was heißt für dich guter Teamgeist?
Warum denkst du, ist unser Teamgeist nicht gut?

Hüte-Methode und Walt-Disney-Methode

Hier geht es darum, Abstand vom Problem zu bekommen und durch äußere Umstände und Gegebenheiten bestimmte Facetten/Sichtweisen gezielt zu trennen oder aktiv herauszukitzeln. Bei den „sechs Hüten" heißt das, dass einzelnen Hutfarben eine bestimmte Charakterisierung zugewiesen wird. Wenn jemand beispielsweise den roten Hut aufsetzt, vertritt er die rein emotionale Sichtweise. Trägt er den gelben Hut, ist seine Aufgabe, nur die positiven Aspekte zu sehen usw. Auf diese Art schlüpfen die Teilnehmer in unterschiedliche Rollen und bekommen eine ganzheitliche Betrachtungsweise.

- ✓ weißer Hut: Neutralität/Objektivität – in Daten und Fakten denken
- ✓ roter Hut: emotionale, subjektive Haltung

- ✓ schwarzer Hut: negatives Denken
- ✓ gelber Hut: positives Denken
- ✓ blauer Hut: Kontrolle und Organisation des Denkprozesses
- ✓ grüner Hut: neue Ideen und Lösungsvorschläge

Bei der Walt-Disney-Methode verhält es sich ähnlich, nur wird hier mit „Räumen“ gearbeitet. Sie können zum Beispiel verschiedene Stühle mit einer bestimmten Charakterisierung belegen oder auch ganze Zimmer. Wer auf dem betreffenden Stuhl oder in dem betreffenden Zimmer sitzt, hat dann die Aufgabe, das Problem/die Fragestellung aus dem vorher bestimmten Blickwinkel zu betrachten.

Gegenteilmethode

Sie kennen es selbst: Manchmal weiß man zwar nicht genau, was man will – dafür weiß man sicher, was man nicht will. Die Gegenteilmethode spielt ein wenig mit dieser Haltung. Es geht darum, dass Sie Ihre Frage/das Problem ins Gegenteil kehren und dafür Argumente suchen. Angenommen, Sie möchten in Ihrer Firma Kosten sparen. Dann ist die Aufgabe in dem Fall: Wie können wir mehr Geld ausgeben?

Gehen Sie anhand dieser Fragestellung alle Bereiche in Ihrem Unternehmen durch und sammeln Sie Möglichkeiten, Geld zum Fenster rauszuwerfen. Wenn Sie mit dem Sammeln fertig sind, drehen Sie die Vorschläge einfach wieder um und filtern die brauchbaren Ideen heraus. Probieren Sie es aus – abgesehen davon, dass es Spaß macht, ein Problem genau umgedreht anzugehen, werden Sie sehen, dass diese Sichtweise erstaunlichen Ideenreichtum freisetzt und großen Antrieb mit sich bringt.

Teambuilding

Sie wissen nun, worauf es beim Aufbau eines Teams ankommt und kennen wirksame Rahmenbedingungen. Um ein Team zu einem wirklichen Team werden zu lassen und ein bestehendes Team noch mehr aufeinander einzuspielen sowie die Zusammenarbeit immer weiter zu verbessern, werden häufig spezielle Teambuilding-Maßnahmen gewünscht. Richtig angewandt, ist Teambuilding eine gute Sache. Wie wir im 1. Kapitel bereits geschrieben haben, heißen die großen Feinde von Teamgeist Anonymität, Nicht-Wissen und Distanz. Daraus ergeben sich die für gutes Teamwork wichtigen Voraussetzungen. Hier einige konkrete Vorschläge, wie Sie Distanz abbauen, Know-how aufbauen sowie weitervermitteln können – und wie Sie Verstehen und Verständnis für andere und deren Aufgaben schaffen.

✓ Freizeit-Unternehmungen
Keine Frage: Es kann durchaus dem Miteinander zuträglich sein, hin und wieder auch privat etwas zu unternehmen. Sie merken schon an der vorsichtigen Formulierung, dass hier unserer Meinung nach Maßhalten angesagt ist. Mehr und mehr nimmt es in Unternehmen zu, dass gemeinsame Freizeitaktivitäten organisiert werden: Kartfahren, Wandern, Happy Hour, „Firmenstammtische", Kegeln und und und. Klar, eine schöne Sache, wenn sich die Mitarbeiter verstehen und, vor allen Dingen, wenn die Teilnahme freiwillig ist.

Aber es geht auch um den Zeitfaktor: Immer wieder bekommen wir verzweifelte Anfragen, wie man sich denn nun am besten herauswinden könne, um nicht schon wieder abends oder am Wochenende mit den Kollegen etwas unternehmen zu müssen. Schließlich will man nicht als Außenseiter oder Spielverderber gelten. Und so machen Leute aus Angst, nein zu sagen, zähneknirschend bei Freizeitveranstaltungen mit, die ihnen eigentlich gegen den Strich gehen. Respektieren Sie den Freiraum Ihrer Mitarbeiter – und besprechen Sie das Thema auch allgemein im Team, damit sich die Kollegen nicht untereinander schief ansehen, wenn sich jemand bei Freizeitveranstaltungen rar macht. Es gibt Menschen, die Berufliches und Privates gerne trennen. Bieten Sie zwanglose Gelegenheiten an oder – noch besser – ermuntern Sie Ihre Mitarbeiter, selbst Entsprechendes auf die Beine zu stellen. Lassen Sie es jedoch auf keinen Fall in Druck ausarten, denn sonst schlägt das, was eigentlich gut gemeint war, eventuell ins Negative um. Dagegen kommen Feiern zu besonderen Anlässen in der Regel gut an: Eine sorgfältig organisierte Weihnachtsfeier oder ein Sommergrillfest (auch mit Angehörigen) kann zu einer geschätzten Tradition werden, auf die sich jeder im Voraus freut und zu der man gerne beiträgt.

✓ Teambuilding-Seminare
Kurse, bei denen Teambuilding im Vordergrund steht und die mit speziellen Übungen/Spielen gespickt sind, oder Outdoor-Seminare, bei denen man lernt, sich aufeinander zu verlassen und gemeinsam Lösungen zu finden, sind bei vielen Firmen sehr beliebt. Bei den Mitarbeitern ist die Reaktion oft erst einmal eine hochgezogene Augenbraue. Und diese sollten Sie auch ernst nehmen ... keine Sorge: Das heißt gar nicht, dass Ihre Mitarbeiter einfach mal eben „anti" sind. Sie sollten dieses Signal nur auf jeden Fall prüfen und sich fragen:

Stimmen die Voraussetzungen?
Damit ist gemeint, ob generell in Ihrem Unternehmen alles okay ist. Wir kennen Firmen, die massive Probleme haben – zum Beispiel durch hohe Fluktuation, Personalknappheit und Mitarbeiter, die nahe am Durchdrehen sind – und dann versuchen, die Stimmung zu verbessern, indem sie die Mitarbeiter zu einem Survivalkurs in die Pampa schicken. Kein Wunder, dass das im besten Fall rausgeschmissenes Geld ist – und im schlechtesten Fall erst recht die Stimmung vermiest (siehe auch 6. Kapitel, „Demotivation").

Was für Bedenken haben Ihre Mitarbeiter?
Gerade bei Fortbildungen wie „Teambuilding", wo es nicht um eindeutige fachliche Inhalte geht, ist bei vielen Menschen die Skepsis groß: Werden wir da großartig analysiert? Sind das Psycho-Spielchen? Gibt der Teamleiter seine Beobachtungen an meinen Chef

weiter? Hat das dann Folgen für mich? – Manche haben auch die Befürchtung, dass Kritik an einem selbst und am gesamten Team geübt werden soll: Mit uns stimmt was nicht, oder wir genügen den Anforderungen nicht, darum sollen wir jetzt „repariert“ und hingebogen werden.

Wenn Sie also gerne eine Teambuilding-Maßnahme in Form eines Seminars oder Coachings durchführen möchten, besprechen Sie sich vorher mit Ihrer Mannschaft: Warum und wozu? Was genau geht vor? Was haben Ihre Mitarbeiter davon? Wer ist der Trainer? Spielen Sie mit offenen Karten – und sammeln Sie idealerweise vorher bei Ihren Leuten Ideen und Wünsche zu den Schwerpunkten des Seminars. Letzteres gilt natürlich generell – auch wenn Sie ein gut aufeinander abgestimmtes Team haben, das sich auf ein entsprechendes Seminar freut, ist es sehr hilfreich für den Erfolg der Maßnahme, sich vorher zusammenzusetzen und zu überlegen, was Ihnen und Ihrem Team besonders wichtig ist.

✓ offene Kommunikation
Eine gute Möglichkeit, mehrere Fliegen mit einer Klappe zu schlagen, ist ein Kommunikationsseminar für Ihr gesamtes Team anzubieten. Wir haben bereits mehrfach betont, wie wichtig es für alle ist, dass offen und konstruktiv miteinander kommuniziert wird. Und dass sich hier die meisten Menschen schwer tun, weiß jeder.

Ein positives Beispiel aus unserer eigenen Praxis: In dem Unternehmen, in dem wir als Abteilungsleiterinnen tätig waren, haben wir alle unsere Mitarbeiter auf ein dreitägiges Kommunikationsseminar geschickt. Es wurden Teams aus maximal zehn Leuten gebildet, die aus verschiedenen Abteilungen kamen. Dadurch haben sich Mitarbeiter näher kennen gelernt, die bisher nicht viel miteinander zu tun hatten – und diese neu geschaffenen Querverbindungen sowie der nähere Kontakt zu Mitarbeitern anderer Abteilungen haben das allgemeine Betriebsklima und die Zusammenarbeit extra gestärkt. In den Folgejahren wurden für neue Mitarbeiter ebenfalls solche Trainings durchgeführt.

Wichtig war, dass das Seminar von einem Trainer geleitet wurde, der bei allen Mitarbeitern anerkannt war und zu dem sie Vertrauen hatten – er kannte durch die wiederholten Kurse die Personen, die Firmenphilosophie und auch das Alltagsgeschäft. Er hat nicht nur theoretisch und trocken in die Grundlagen guter Kommunikation eingeführt, sondern viele praktische Übungen/Rollenspiele gemacht und die Teilnehmer bereits während des Seminars das Kennenlernen und den Umgang miteinander praktizieren lassen.

Abgesehen von Kursen ist es Team-bildend, Zusammenhänge deutlich zu machen, Hintergrundinformationen zu geben und auch über den jeweiligen Stand der Dinge und die Ergebnisse zu berichten. Es empfiehlt sich beispielsweise, im Team eine Frage-Antwort-Kultur einzuführen und die Mitarbeiter anzuleiten, verständlich miteinander zu kommunizieren wie auch den Kollegen relevante Hintergründe mitzuteilen. Ein ganz einfaches Beispiel dazu: Ein Mitarbeiter aus der Buchhaltung bittet den Kollegen am Empfang darum, bei Rückfragen zu Rechnungen direkt die Rechnungsnummer zu erfragen und beim Verbinden weiterzugeben. Der Mitarbeiter am Empfang denkt sich: Ich will nicht so viel fragen, der Name muss ja reichen – und gibt weiterhin nur den Namen weiter. Der Kollege aus der Buchhaltung ärgert sich vielleicht und verlangt, dass man seiner Bitte nachkommt: „Ich brauche diese Angabe aber!"

Klarer wäre, von Anfang an – spätestens jedoch, wenn der Bitte nicht entsprochen wird – auch den Hintergrund zu nennen: „Wenn Sie mir die Rechnungsnummer gleich beim Vermitteln zum Namen des Anrufers dazusagen, kann ich sofort parallel im Computer das betreffende Konto aufrufen und sehe auf den ersten Blick, worum es geht. So beeindrucken wir unseren Kunden positiv, weil wir schnell alle Daten parat haben, und wir ersparen allen Beteiligten unnötige Wartezeit."

Häufig werden Projekte oder generelle Ziele wie Kundenzufriedenheit oder Umsatzsteigerungen langfristig angelegt (siehe auch den Abschnitt „Zieldefinition", S. 76). Es ist für die Motivation und für die Sinn stiftende Arbeit Ihrer Teammitglieder sehr wichtig, zu erfahren, wie die Ergebnisse der Bemühungen aussehen. Sofern ein Projekt noch nicht erledigt ist, reicht es, Zwischenziele zu nennen. Und selbst wenn noch gar nichts passiert ist, sondern eine Angelegenheit sich im Planungsstadium befindet, kann es hilfreich sein, Informationen über die nächsten Schritte zu geben. Besonders wichtig ist das, wenn es um große Veränderungen oder um negative Entwicklungen geht. Nichts ist schlimmer für die Moral und den Zusammenhalt eines Teams, wenn die Teammitglieder sich ausgeschlossen fühlen und den Verdacht haben, dass „die Firma" etwas verheimlicht. Details dazu finden Sie auch im letzten Kapitel beim Thema „Demotivation" (S. 185).

Übrigens trägt auch die konstruktive Kommunikation, bei der es um kritische Anmerkungen zur Leistung einzelner Personen oder des Teams geht, erheblich zum Teambuilding bei.

✓ Aufgabenbereiche vorstellen/kennen lernen
Häufig wissen Mitarbeiter, gerade wenn von unterschiedlichen Abteilungen die Rede ist, nicht, worin das genaue Aufgabengebiet der Kollegen besteht – oder auch, was mit einem Geschäftsvorgang passiert, wenn sie ihn weitergegeben haben. Ein Tipp, der nicht nur für neue Mitarbeiter hilfreich ist: Verfolgen Sie mit Ihren Mitarbeitern einmal Schritt für Schritt einen Geschäftsvorgang in Ihrem Unternehmen. Was passiert im Marketing, wo Kunden akquiriert werden? Was passiert bei einer telefonischen Anfrage? Was sind die nächsten Schritte bei einer Bestellung? ... Wenn Ihr Unternehmen nicht so groß ist, dann gehen Sie diesen Weg ruhig physisch durch die verschiedenen Abteilungen und lassen Sie jeweils von einem Mitarbeiter dort erklären, was geschieht und was seine Aufgabe ist. Ist das Unternehmen zu groß, dann stellen Sie die Wege in Form einer Grafik dar und erklären Sie sie selbst oder laden Sie Vertreter der betroffenen Abteilungen zu einer kurzen Präsentation ein.

Eine weitere Möglichkeit, die man auch locker gestalten kann, ist es, Abteilungen im Turnus vorzustellen. Vielleicht haben Sie ohnehin in bestimmten Intervallen Meetings mit Ihrer gesamten Firma oder, wenn Ihr Unternehmen sehr groß ist, mit mehreren Abteilungen. Dann ist das ein gutes Forum. Bitten Sie jeweils eine Abteilung, sich zu diesem Anlass einmal vorzustellen und sich – idealerweise – etwas Besonderes dazu einfallen zu lassen.

In einer früheren Firma entwickelten sich diese Abteilungspräsentationen zu regelrechtem Infotainment: Da erklärten einzelne Abteilungen nicht nur ihre Aufgaben und Tätigkeiten, sondern machten ihren Alltag mittels kleiner Rollenspiele plastisch und nachvollziehbar. Das Verständnis für bestimmte Vorgehens- und Verhaltensweisen sowie die Nachvollziehbarkeit von verschiedenen Abläufen und Zusammenhängen waren sehr hilfreiche Effekte in Bezug auf Teambuilding und Zusammenarbeit.

Eine weitere sehr hilfreiche Maßnahme – auch für den nächsten Punkt – ist es, Mitarbeiter in andere Tätigkeiten „reinschnuppern" zu lassen. Je nachdem, wie viel Zeit Sie dafür investieren möchten, kann dies ein Nachmittag sein, wo man sich mit einem Kollegen an den Schreibtisch setzt und den Alltag mitbekommt. Es kann jedoch ein richtiges Crosstraining sein, also ein tatsächliches Einlernprogramm, in dessen Verlauf man die Tätigkeiten eines Kollegen der eigenen oder einer fremden Abteilung lernt und richtig mitarbeitet. Dieses Cross-Trainieren ermöglicht, kompetente Vertreter für Urlaubszeiten und Engpässe auszubilden, die bei Bedarf sofort einsatzfähig sind. Außerdem bietet es den großen Vorteil, dass Informationen über die eigene Arbeit/die eigene Abteilung mitgenommen und in der fremden Abteilung weitergegeben werden. Und die Motivation des Mitarbeiters steigt, da für so ein internes Trainingsprogramm selbstverständlich nur Leute infrage kommen, die sich auch für andere Arbeitsbereiche interessieren.

✓ gegenseitige Unterstützung

Wie eben bereits angesprochen: Wissen und Tätigkeiten intern weiterzugeben hat den großen Vorteil, dass Sie sehr viel flexibler sind, wenn Sie kurzzeitig Unterstützung brauchen oder jemand, beispielsweise in Urlaubszeiten oder bei Krankheitsfällen, für eine längere Zeit einspringen soll.

Gegenseitige Unterstützung kann man natürlich auch im Rahmen von Kursen oder von Spielen im Rahmen eigener Meetings verdeutlichen. So berichtete eine Führungskraft bei der Polizei von folgender Übung, die in ihrem Team großen Eindruck machte: Im Rahmen einer Teambesprechung wurden Gruppen à sechs Personen gebildet. Jede dieser Gruppen bekam einige verschieden geformte Plättchen – es galt, jeweils ein Quadrat daraus zu bilden. Außerdem ging es darum, so schnell wie möglich damit fertig zu werden. Die Teams waren eifrig bei der Sache. Jede Gruppe wollte natürlich als erste fertig werden. Nach einiger Zeit machte sich Verzweiflung breit ... Niemand wurde fertig. Immer fehlte irgendwo ein Stück, oder es ragte eine Ecke heraus. In einem Team verfiel man darauf, die Teile „passend zu machen". Ein anderes Team kam plötzlich auf die Idee, mit dem Nebenteam Teile zu tauschen. Und natürlich – das war die Lösung: Die Quadrate konnten nur in Zusammenarbeit mit anderen Teams gebildet werden.

Eine gute Möglichkeit, das Thema gegenseitige Unterstützung im Team anzuschneiden und durchzusprechen, ist, mit Ihrem Team über Hilfsbereitschaft zu reden. Sie können zum Beispiel ein allgemeines Brainstorming machen, was alles zu Hilfsbereitschaft gehört, wie sie sich äußert, was Hindernisse sind – und schließlich auch gemeinsam beschließen, wie Hilfsbereitschaft tatsächlich umgesetzt werden soll. So ist nicht nur jeder auf dem aktuellen Stand, was an Unterstützung und an Hilfsbereitschaft geleistet werden kann, sondern es haben auch alle eine gemeinsame Grundlage.

All diese Bemühungen – verbunden mit dem Einbinden und Ernstnehmen sämtlicher Mitarbeiter und den wichtigen, bereits genannten Rahmenbedingungen – stellen eine Auswahl sinnvoller Teambuilding-Maßnahmen dar. Im folgenden Kapitel geht es ausführlich um den allseits beschworenen und oft vermissten Teamgeist.

4. Teamgeist: das Wir-Gefühl

Auf die Frage, was das Wesentliche und Wichtigste in einem Team ist und woran man es erkennt, antworten die allermeisten: der Teamgeist. Und in der Tat: Dass eine zusammengewürfelte Gruppe von Experten oder auch langjährigen Kollegen, die plötzlich eng und eigenverantwortlich kooperieren sollen, noch lange kein Team ergeben muss, hat sich gerade in den letzten Jahren immer wieder gezeigt – und einen pessimistischen Ton in die Diskussion von Teamarbeit gebracht. Die anfängliche Team-Euphorie und die manchmal immensen Erwartungen sind zum Teil recht schnell einer zurückhaltend-skeptischen Haltung oder gar einer negativen Einschätzung von Teamarbeit an sich gewichen.

Wir finden das schade: zum einen, weil wir davon überzeugt sind, dass die Bedeutung von Teamarbeit in der Arbeitspraxis weiterhin zunehmen wird; zum anderen, weil wir selbst erlebt haben, wie anregend und konstruktiv die Arbeit im Team sein kann und wie sehr alle Beteiligten davon profitieren – vorausgesetzt allerdings, dass Teamgeist bewusst und aktiv aufgebaut und gepflegt wird. Und genau hier liegt unserer Erfahrung nach der Hund begraben: Allzu gerne wird Teamgeist als etwas verstanden, das sich in jeder als Team bezeichneten Gruppe automatisch und quasi als Nebenprodukt ergibt und um das man sich nicht weiter zu kümmern braucht – abgesehen von ein paar „Reparaturmaßnahmen“, die ab und zu leider nötig sind. Doch jener Kitt, der eine Arbeitsgruppe zusammenhält und die so oft beschworenen positiven Seiten von Teamwork überhaupt erst möglich macht, lässt sich nicht verordnen. Teamgeist will erarbeitet und kultiviert werden, damit er in den Wirrungen des Arbeitsalltages langfristig erhalten bleibt und auch schwierige Zeiten unbeschadet übersteht. Glauben Sie uns: Sie werden auf ganzer Linie davon profitieren, wenn Sie als Führungskraft Energie, Zeit und Engagement investieren, um in Ihrem Team ein starkes und gesundes Wir-Gefühl aufzubauen und zu erhalten. Was das in der Praxis bedeutet und was Sie tun können, darum geht es in diesem Kapitel.

Teamgeist, was ist das eigentlich?

Obwohl der Begriff Teamgeist in aller Munde ist, machen sich nur die Wenigsten klar, was sie eigentlich darunter verstehen. Das ist gerade in diesem Falle auch gar nicht so einfach. Denn wie der zweite Teil des Wortes (und auch des englischen *teamspirit*) ausdrücklich sagt, handelt es sich hier um etwas Immaterielles, um etwas nicht direkt Greifbares und nicht so recht Messbares. Teamgeist ist – ähnlich wie das ebenfalls so oft diskutierte und für alle so wichtige Betriebsklima – etwas, das in der Luft liegt, eine Art von Energie und allgemeiner Stimmung, die spürbar ist und eindeutige Auswirkungen hat. Diese sehr schwammige und abstrakte Definition klingt zwar ganz interessant und ist auch für die meisten nachvollziehbar: Aber so richtig etwas anfangen lässt sich damit nicht – weder als Teamleiter noch als Teammitglied. Denn wo kann man ansetzen, welche konkreten Schritte soll man planen und was im Arbeitsalltag tun, um den Teamgeist zu stärken, wenn das angestrebte Ziel so vage und unklar ist?

Da dieses Buch für die Praxis bestimmt ist und Ihnen dabei helfen soll, Ihr Team enger zusammenzuschweißen und das Wir-Gefühl zu stärken und zu erhalten, wollen wir erst mal erklären, was wir unter Teamgeist verstehen. Was folgt, ist keine wissenschaftliche Erklärung des Begriffes und erhebt auch keinerlei Anspruch auf Vollständigkeit und Allgemeingültigkeit. Es handelt sich vielmehr um eine Beschreibung von Teamgeist als Grundlage für die Praxisarbeit.

Wenn zwei miteinander zu tun haben, „menschelt" es – und es gibt neben der so genannten Sachebene (was inhaltlich gesagt und getan wird) die Beziehungsebene (was man voneinander hält, wie man zueinander steht und wie man miteinander umgeht). Aus der Kommunikationspsychologie und aus der Praxis ist bekannt: Nur wenn die persönlich-zwischenmenschliche Ebene stimmt und nicht durch negative Gedanken, Misstrauen, ungeklärte Konflikte oder Vorurteile usw. getrübt ist, kann eine Beziehung gut funktionieren und bereichernd für beide Seiten sein. Das gilt natürlich auch für Gruppen: Voraussetzung dafür, dass die Gruppenmitglieder aus eigenen Stücken konstruktiv zusammenarbeiten und sich gegenseitig unterstützen, sprich Teamarbeit praktizieren, ist, dass die zwischenmenschlichen, persönlichen Beziehungen grundsätzlich in Ordnung sind (und auf jeden Fall immer wieder in Ordnung gebracht werden). Je stimmiger und konstruktiver sich die Beziehungsebene zwischen den Teammitgliedern gestaltet, umso besser ist auch der Teamgeist, also die Atmosphäre innerhalb des Teams – das Betriebsklima im Kleinen. Unserer Erfahrung nach ist es praktisch und hilfreich, die folgenden zwei Ebenen von Teamgeist zu unterscheiden und auf beiden aktiv zu werden:

„gedachter" Teamgeist
Teamgeist beginnt im Kopf. Gemeint ist damit, was die einzelnen Teammitglieder über Teamarbeit an sich, über sich selbst als Teammitglied und über ihre Kollegen denken – welchen Beitrag sie zum Funktionieren des Ganzen leisten wollen und welche Erwartungen sie haben.

„gelebter" Teamgeist
Damit ist das konkrete Verhalten der Teammitglieder gemeint – wie sie miteinander umgehen und wie sie sich als Team anderen Teams oder auch Ihnen als Chef gegenüber verhalten.

Vielleicht fragen Sie sich, warum die Gedanken und Ansichten Ihrer Leute überhaupt relevant sein und Sie als Vorgesetzten interessieren sollen: Schließlich geht es nur darum, dass die Mitarbeiter einigermaßen miteinander auskommen und einigermaßen vernünftig zusammenarbeiten. Ja, wenn Sie keine großartigen Erwartungen an Ihr Team haben und die Abwesenheit offen ausgetragener Konflikte für Sie schon Teamgeist bedeutet, dann reicht es in der Tat aus, ab und zu mal auf der Verhaltensebene korrigierend einzugreifen. Wenn Sie aber möchten, dass Ihre Leute sich wirklich als Team fühlen, sich gegenseitig nach Kräften unterstützen und auch in schwierigen Zeiten gemeinsame Sache machen, sollten Sie beide Ebenen pflegen. Denn die Einstellungen und Überzeugungen (der einzelnen Teammitglieder wie des Teams insgesamt) bleiben ja nicht verborgen, sondern spielen eine große Rolle und bestimmen letztendlich das Verhalten: So macht es einen riesigen Unterschied, ob ich Teamwork als etwas Positives einschätze und als ein Geben und Nehmen betrachte, oder ob ich denke, dass alleine zu arbeiten viel besser und das Team eigentlich nur ein Hemmschuh ist. Es macht einen Unterschied, ob ich meinen langsameren Kollegen schätze und seine Qualitäten sehe oder nicht. Die Ausprägung des Teamgeistes, oft auch Wir-Gefühl genannt, hängt unmittelbar davon ab, wie stark sich die einzelnen Teammitglieder dafür engagieren wollen, wie sie einander sehen und was sie voneinander halten (fachlich und persönlich). Was das in der Praxis bedeutet und was Sie tun können, um Einstellungen und Gedanken auf den Tisch zu bringen und zu verändern, dazu kommen wir weiter unten immer wieder zu sprechen.

Und hier ein weiterer Aspekt, den wir für wichtig halten, um das Projekt Teamgeist erfolgreich in Angriff zu nehmen. Sie haben in Ihrer Arbeitspraxis mit zwei Ebenen zu tun,

- ✓ mit dem einzelnen Teammitglied (Mikroebene),
- ✓ mit dem gesamten Team (Makroebene).

Sobald von Team die Rede ist, denken viele ausschließlich an die gesamte Gruppe. Doch der Teamgeist in einem Team setzt sich zusammen aus dem Teamgeist der einzelnen Teammitglieder – und entsteht nicht automatisch, quasi als gruppendynamisches Produkt, wenn mehrere Leute miteinander zu tun haben: Nur wenn es in den einzelnen Mitgliedern diesen Geist gibt, kann es ihn auch in der Gruppe geben. Andererseits beeinflusst die Gruppe den Einzelnen mit seinen Einstellungen und Verhaltensweisen, das heißt, selbst wenn jeder für sich über Teamgeist verfügt, bedeutet das noch lange nicht, dass die Mannschaft gut ist. Deshalb müssen Sie als Führungskraft die Rahmenbedingungen schaffen, um den Teamgeist auf beiden Ebenen zu wecken, aufzubauen und zu pflegen: in den Individuen und in Ihrem Team als Ganzem.

Wie sich der Teamgeist zeigt

Wie wir kurz erläutert haben, finden wir es sinnvoll und hilfreich für die Praxis, von „gedachtem" und „gelebtem" Teamgeist zu sprechen. Hier ein paar Beispiele dafür, was damit gemeint ist.

(1) „gedachter" Teamgeist: Diese innere Ebene von Teamgeist umfasst Einstellungen und Gedanken wie:

- ✓ Teamarbeit bedeutet Geben und Nehmen,
- ✓ bereit sein, mit den anderen gut auszukommen und sich dafür zu engagieren,
- ✓ sich gegenseitig respektieren,
- ✓ wissen, dass jeder einen wichtigen Beitrag leistet,
- ✓ sich der eigenen Rolle und des eigenen Beitrages bewusst sein,
- ✓ gemeinsam Ziele erreichen wollen,
- ✓ Unterstützung geben und annehmen wollen.

Über all diese Dinge kann und soll man reden, um sie bewusst zu machen: Denn wenn die innere Einstellung für den Teamgeist da ist, fällt das Umsetzen viel leichter. Nutzen Sie diese Chance und nutzen Sie die verschiedensten Gelegenheiten, um mit Ihren Leuten darüber zu sprechen und das richtige Bewusstsein sowohl in jedem Einzelnen als auch im Team zu verankern.

(2) „gelebter" Teamgeist: Teamgeist zeigt sich auf der praktischen, unmittelbar sichtbaren Ebene beispielsweise darin, dass die einzelnen Teammitglieder

- ✓ sich untereinander kennen und wissen, was jeder macht,
- ✓ respektvoll und höflich miteinander umgehen,
- ✓ sich gegenseitig unterstützen,
- ✓ in Kontakt miteinander stehen und offen kommunizieren,
- ✓ positive, gute Stimmung verbreiten und auch Spaß haben,
- ✓ konstruktiv miteinander umgehen – auch und ganz besonders in schwierigen Situationen – und sich zusammenraufen,

- ✓ unangenehme Dinge auf den Tisch legen und klären (anstatt sich aus dem Weg zu gehen oder unterschwellige Konflikte auszutragen),
- ✓ nach Lösungen suchen und die Verbesserung im Sinn haben (anstatt auf Fehlern herumzureiten).

Wie bereits im 1. Kapitel besprochen: Nur wenn Klarheit darüber besteht, was Sie (und Ihr Team) unter Teamgeist verstehen und wie dieser im Arbeitsalltag und in konkreten Verhaltensweisen/Taten zutage tritt beziehungsweise treten soll, können Sie erstens feststellen, wie ausgeprägt der Zusammenhalt im Team ist, und zweitens planen, was wie bis wann und von wem verbessert und verändert werden muss.

Wichtig: Teamgeist, wie wir ihn verstehen, schließt auch Sie als Teamleiter und Vorgesetzten mit ein. Sie sollten sich nicht (nur) als Außenstehenden sehen, der das Team und den Teamgeist aus einer gewissen Distanz beobachtet und die Fäden zieht, sondern gleichzeitig auch als zugehörig zum Team empfinden und sich vom Wir-Gefühl umfassen lassen. Natürlich hängt es von Ihrem Verständnis der Führungsrolle und damit von Ihrem Führungsstil ab, ob und inwieweit Ihnen das gelingen kann. Die besten Voraussetzungen bringen Sie mit, wenn Sie die richtige Balance zwischen Nähe und Distanz finden – das heißt wirklich partnerschaftlich mit Ihren Leuten umgehen und sie eigenverantwortlich agieren lassen, ohne das Zepter aus der Hand zu geben. Dann haben Sie den Boden bereitet, um ins Team einbezogen zu werden und daran teilhaben zu können. Wenn ein Leiter von seinem Team als Fremdkörper und als nicht zugehörig empfunden wird, leidet der Teamgeist insgesamt – oder richtet sich sogar gegen den Chef. Alle Anregungen, die Sie in diesem Kapitel bekommen, dienen auch dazu, den Teamgeist zwischen Ihrer Crew und Ihnen zu stärken. Sie gehören dazu!

Teamgeist will kultiviert werden

Eigentlich möchte man meinen, dass jeder ganz wild darauf ist, gut mit den anderen zurechtzukommen und Teil eines starken Teams zu sein: Schließlich liegen die Vorteile auf der Hand, und jeder kann nur profitieren. Stimmt! Aber damit das Wir-Gefühl überhaupt zustande kommen und gepflegt werden kann, braucht es einen gewissen Grad an Wissen und Informationen über die anderen, an Nähe und Vertrautheit – das ist praktisch der Nährboden, auf dem echter Teamgeist wächst und gedeiht.

Was in der Psychologie als Entfremdung bezeichnet wird, kann sich auch zwischen Menschen einschleichen, die Tag für Tag miteinander zu tun haben und sich räumlich gesehen sehr nahe sind. Und dann hat es der Teamgeist sehr schwer! Die gute Botschaft ist, dass Sie sehr viel unternehmen können, um Distanz zwischen den Mitarbeitern abzubauen und Nähe und Vertrautheit aufzubauen: Im Kern geht es darum, dass Sie die Interaktionen, die Kontakte, den Austausch der Leute untereinander fördern und auch steuern. Eine der zentralen Aufgaben für Sie als Teamleiter besteht darin, die Leute zusammenzubringen und die Rahmenbedingungen für einen lebendigen Austausch und für ständige Interaktionen zu schaffen.

Um Missverständnisse zu vermeiden: Vertrautheit ist hier nicht mit intensiven Freundschaften und der Diskussion privater Angelegenheiten am Arbeitsplatz zu verwechseln. Gemeint ist, dass die Teammitglieder sich untereinander nicht nur als „Arbeitskräfte“ (mit ihren jeweiligen fachlichen Kompetenzen und Aufgaben) kennen, sondern auch als Menschen mit unterschiedlichen Erwartungen und Vorstellungen, persönlichen Stärken und Schwächen.

Die Crux mit dem Teamgeist ist: Er lässt sich nicht einfach verordnen oder auf die Schnelle in einem Teambuilding-Seminar „einimpfen“. Das Zusammengehörigkeitsgefühl ist auch nichts, was man einmal erwirbt und was einem dann für immer erhalten bleibt. Teamgeist ist, wie alle zwischenmenschlichen Beziehungen, dynamisch und anfällig für Störungen, will entwickelt und gepflegt werden. Und hier spielen Sie als Chef eine zentrale Rolle. Denn egal wie teamfähig und kooperativ Ihre einzelnen Mitarbeiter auch sein mögen: Eine Instanz, die das Ganze zusammenhält, den Austausch fördert, in kritischen Situationen den Überblick bewahrt und immer wieder auf den gemeinsamen Kurs einschwört, ist Gold wert – und kann die positiven Seiten von Teamwork noch einmal deutlich verstärken.

Wir können Ihnen nur dazu raten, diese integrierende Funktion sehr ernst zu nehmen und sie möglichst intensiv auszuüben. Die Erfahrung zeigt nämlich, dass genau dieser zentrale Aspekt von Teamleitung gerne links liegen gelassen wird – entweder weil die Tragweite der Sache schlicht und einfach unterschätzt wird oder weil Vorgesetzte andere Prioritäten setzen und dieser Teil ihrer Führungsaufgabe im Arbeitsalltag untergeht. Die Praxis, die eigenen Leute mit Botschaften wie „Ihr seid ja alle erwachsene Leute und werdet euch schon zusammenraufen!“ abzuspeisen und sich dann mehr oder weniger selbst zu überlassen, findet man gar nicht so selten. Natürlich kann das gut gehen: Allerdings nur unter der Voraussetzung, dass die Gruppe aus lauter erstklassigen Teamplayern besteht, die offen und konstruktiv miteinander kommunizieren und umgehen. Doch das gibt es in der Realität eher selten – und entsprechend zahlreich sind die mehr schlecht als recht funktionierenden Teams und die Leute, die unter Teamarbeit eher leiden, anstatt davon zu profitieren. Das ist schade, aber keineswegs ein Beweis dafür, dass Teamarbeit grundsätzlich nicht funktionieren kann. Sondern nur dafür, dass Teamgeist und ein kooperatives Klima aktiv und bewusst aufgebaut und gepflegt werden müssen – und zwar von allen Beteiligten, mit dem Chef voran.

Achtung: Sie sollten jetzt allerdings nicht dem Gedanken verfallen, dass Sie als Chef alleine für den Teamgeist verantwortlich sind und diesen im Alleingang verbessern können! Manchmal kommt es vor, dass ein Team dem Teamleiter vorwirft, die Zusammenarbeit klappe nicht so recht und es sei beispielsweise die Integration eines neuen Mitarbeiters nicht gelungen. Ja, der Vorgesetzte spielt die Vorreiterrolle, doch für den Teamgeist und die gute Zusammenarbeit sind alle Beteiligten verantwortlich. Das immer wieder klar zu machen und Ihr Team in die Pflicht zu nehmen ist eine weitere wichtige Aufgabe für Sie als Teamleiter.

So positiv und wertvoll Teamgeist ist, so heikel und störanfällig zeigt er sich manchmal. Denn überall, wo Menschen miteinander zu tun haben, treffen die unterschiedlichsten Persönlichkeiten zusammen. Natürlich ist das für Sie als Teamleiter nicht immer bequem – und es ist mehr als verständlich, wenn Sie sich zu Überlegungen wie „Die sollen einfach nur alle ihre Arbeit machen und vernünftig miteinander umgehen!" hinreißen lassen. Doch vielversprechender, als die persönlich-menschliche Seite einfach zu ignorieren oder die Leute sich selbst zu überlassen, ist, bewusst und zielgerichtet damit umzugehen und sie zu formen.

Wichtig! Mit gutem Teamgeist ist keineswegs gemeint, dass das Persönlich-Menschliche total im Vordergrund steht und das Fachliche, die Arbeit an sich, ins Abseits gedrängt oder als zweitrangig betrachtet wird. Besonders frisch gebackene Chefs und solche, denen ein harmonisches Miteinander sehr am Herzen liegt, setzen gerne hauptsächlich auf diese Karte und tun alles, damit die Leute sich bloß gut miteinander verstehen und es keine (sichtbaren) Schwierigkeiten gibt. Doch auch das ist auf Dauer kontraproduktiv: Denn in jedem Unternehmen geht es darum, gemeinsam etwas zu leisten und Ergebnisse zu erzielen. Das Wir-Gefühl ist kein Selbstzweck, sondern eine wichtige Voraussetzung, um ein menschliches Ambiente zu schaffen und zu erhalten, effizient zusammenzuarbeiten und gemeinsam etwas auf die Beine zu stellen.

Teamgeist ist ein komplexes Phänomen und das Resultat vieler ineinander greifender und sich ergänzender Voraussetzungen. Alles, was im vorliegenden Buch besprochen wird, trägt letztlich zur Qualität der Zusammenarbeit bei und hat deshalb mehr oder weniger starke Auswirkungen auf den Teamgeist. Wenn beispielsweise die Arbeitsabläufe gut aufeinander abgestimmt und die einzelnen Positionen mit kompetenten und richtig ausgewählten Mitarbeitern besetzt sind, verheißt das schon mal sehr gute Voraussetzungen für eine positive Zusammenarbeit. Doch selbst wenn sämtliche Rahmenbedingungen wunderbar funktionieren, ergibt das keineswegs zwangsläufig ein gutes Team. Denn der Teamgeist will eben kultiviert werden.

In diesem Kapitel geht es um die persönlich-menschliche Dimension, um die fundamentale Bedeutung von Umgangsformen und Kommunikation – und darum, was Sie als Vorgesetzter tun können, um ein konstruktives Klima zu schaffen und zu erhalten. Denn Sie können die besten Mitarbeiter und die idealen organisatorischen Voraussetzungen haben: Wenn die zwischenmenschlichen Beziehungen vor sich hindümpeln oder gar gestört sind (und Anlässe für Störungen gibt es im Arbeitsalltag genügend), entsteht kein echter und stabiler Teamgeist – und die starken Seiten von Teamwork kommen nicht wirklich zum Tragen. Andererseits lassen sich viele organisatorische Schwierigkeiten und auch widrige Umstände meistern, wenn der Teamgeist stark ist und die Leute gemeinsame Sache machen. Deshalb lohnt es sich, Zeit und Energie für ein konstruktives Klima im Team zu investieren. Wir möchten Sie dazu animieren, weil wir wissen, wie sehr alle Beteiligten davon profitieren können!

An dieser Stelle noch mal ein paar Anmerkungen zu Teamentwicklungsmaßnahmen (Workshops, Seminare, Outdoortrainings usw.) und „Events" zur Stärkung des Teamgeistes (Firmenpartys, gemeinsame Ausflüge usw.): All das ist schön und kommt bei den meisten Mitarbeitern auch gut an. Aber auf fruchtbaren Boden fällt es nur, wenn der Teamgeist im ganz normalen Arbeitsalltag gefordert und gefördert wird – als Ersatz dafür reichen sie keinesfalls aus. Um eine stabile Basis für gute und effiziente Zusammenarbeit zu legen, geht es für Sie als Führungskraft im Wesentlichen um folgende zwei Bereiche:

- ✓ Ihr eigenes Verhalten Ihren Leuten gegenüber (einzeln und als Team), also wie Sie selbst im Arbeitsalltag auftreten und kommunizieren,
- ✓ Kommunikation und Umgangsformen Ihrer Leute untereinander und wie Sie Einfluss darauf nehmen können.

Das „Herz“ von Teamgeist: Kontakt und Kommunikation

Das zentrale Instrument, um Teamgeist aufzubauen und zu kultivieren, ist Kommunikation. Und in der Tat: Wenn es in Teams kriselt oder die Zusammenarbeit vor sich hindümpelt und keiner so recht zufrieden ist, mangelt es praktisch immer daran. „Wir haben Kommunikationsprobleme!“, heißt es dann oft. Geht man den Dingen auf den Grund, stellt sich meistens heraus, dass es keinen oder nur wenig verbalen Austausch gibt – sowohl innerhalb des Teams als auch zwischen Team und Vorgesetztem. Oder dass die reine Informationsweitergabe mit Kommunikation verwechselt wird – eine Tendenz, die durch die neuen technologischen Möglichkeiten allem Anschein nach eher zugenommen hat. Echte Kommunikation bedeutet Austausch, Dialog, gegenseitiges Interesse und Sich-verstehen-Wollen.

Vergeben Sie keine Chancen und überlassen Sie Ihr Team nicht sich selbst – in der Meinung, es bestehe aus lauter erwachsenen und selbstverantwortlichen Leuten, die schon miteinander klären werden, was zu klären ist. Denn erstens sind nicht so viele Menschen darin geübt, konstruktiv und offen mit anderen zu kommunizieren. Und zweitens ist es eine der zentralen Aufgaben einer Führungskraft (und zwar auf jeder Hierarchiestufe), sowohl den Informationsfluss als auch die Kommunikation zu leiten und zu fördern.

Wie bereits angesprochen: Ein großer Feind von Teamgeist und guter Zusammenarbeit sind Desinteresse und „Nebeneinanderherleben“. Eine solche Atmosphäre kommt leider viel leichter und schneller zustande, als man glauben möchte. So kann sich selbst in ein eigentlich gut funktionierendes Team allmählich eine Art von Anonymität und Fremdheit einschleichen, wenn sich keiner um regelmäßigen Austausch und um die Beziehungspflege kümmert. Es kann sein, dass mehr oder weniger offen ausgetragene Animositäten das Wir-Gefühl bröckeln und ein Team in Grüppchen oder Einzelpersonen zerfallen lassen. Oder dass neue Teammitglieder keinen rechten Anschluss finden, vielleicht auch das Team „aufmischen“ und alles durcheinander bringen. Egal aus welchen Gründen der Zusammenhalt im Einzelfall nachlässt: Der gemeinsame Nenner einer solchen Entwicklung ist immer ein Mangel an Kontakten und an Kommunikation. Deshalb sollten Sie es als eine Ihrer zentralen Führungsaufgaben ansehen, Ihre Leute um sich zu versammeln, untereinander in Kontakt zu bringen und in Kontakt zu halten. Denn wie Friedemann Schulz von Thun und Kollegen im Vorwort des sehr empfehlenswerten Buches *Miteinander reden: Kommunikationspsychologie für Führungskräfte* schreibt: „Aus Kontaktlosigkeit entstehen Befremden und aus Befremden nicht selten Feindseligkeit und Intrigen." Das gilt für alle zwischenmenschlichen Beziehungen – zwischen Ihnen und Ihren Leuten und zwischen den einzelnen Teammitgliedern. Es bedeutet für die Praxis, dass Sie Gelegenheiten schaffen und nutzen sollten, um miteinander in Kontakt zu kommen und sich auszutauschen. Eine Ihrer zentralen Aufgaben sollte darin bestehen, eine Art Kommunikationsnetz zu institutionalisieren und zu pflegen, um so den Boden für einen starken Teamgeist zu bereiten.

Hier ein paar Beispiele, welche Werkzeuge Ihnen dafür im Arbeitsalltag zur Verfügung stehen und welche Rahmenbedingungen Sie für eine offene und konstruktive Kommunikationskultur schaffen sollten:

- ✓ persönliche Gespräche führen
  Es ist sehr wichtig, dass Sie in erster Linie direkt mit Ihren Leuten kommunizieren und die unterschiedlichen Gelegenheiten für persönliche Kontakte nutzen – anstatt ausschließlich/hauptsächlich indirekt, sprich per Telefon oder E-Mail, zu kommunizieren.

- ✓ im Arbeitsalltag präsent sein und mit den Leuten reden
  Schließen Sie sich nicht in Ihrem Büro ein oder verschanzen Sie sich nicht hinter Ihrem Schreibtisch, sondern gehen Sie raus und bleiben Sie in Kontakt mit Ihren Mitarbeitern. Anstatt sich nur bei formellen Meetings zu zeigen, sollten Sie bei Ihren Leuten vorbeikommen und für sie zugänglich sein, sich für ihre Arbeit interessieren und in Dialog mit ihnen bleiben. So bleiben Sie nicht nur am Ball und bekommen hautnah mit, was in Ihrem Team so passiert, sondern können auch Gespräche zwischen den Teammitgliedern anregen.

✓ Gespräche mit einzelnen Mitarbeitern führen
Beim Stichwort Team und Kommunikation denken Sie vielleicht nur an Teambesprechungen. Da die Teamatmosphäre dadurch bestimmt wird, wie offen und kommunikationsbereit die einzelnen Teammitglieder sind, spielen Einzelgespräche eine große Rolle. Nutzen Sie Mitarbeitergespräche, um den individuellen Kontakt zu Ihren Leuten zu stärken – und auch, um das Thema Teamgeist und Zusammenarbeit zu besprechen.

Achtung: Es ist wichtig, dass Sie nicht im stillen Kämmerlein und unter vier Augen etwas besprechen, was mehrere Leute oder das ganze Team angeht. Das könnte kontraproduktiv sein: Stellen Sie sich vor, Ihr Kollege sitzt mit dem Chef zusammen und die beiden tauschen sich über Ihre Arbeitsweise und Ihre Fehler aus!

✓ Teammeetings organisieren
Es ist sehr sinnvoll, regelmäßige Teambesprechungen einzuberufen – anstatt nur ab und zu mal aus gegebenem Anlass Ihr Team um sich zu versammeln. Teambesprechungen sollten institutionalisiert sein und regelmäßig stattfinden, nicht nur in Krisensituationen und wenn irgendetwas Aktuelles besprochen werden soll. Allein das zeigt schon, dass der Teamgedanke wichtig ist. So geben Sie sich und Ihren Leuten die Gelegenheit, sich auszutauschen und sowohl fachliche Dinge als auch die Qualität der Zusammenarbeit zu besprechen oder Entscheidungen zu treffen. Die zu besprechenden Themen können sowohl von Ihnen als auch von den Mitarbeitern kommen – am besten ermitteln Sie sie im Vorfeld und planen das Meeting entsprechend.

✓ „kleine“ Teammeetings ins Leben rufen
Gerade wenn Sie ein größeres Team haben und dieses in weitere „Unterteams“ gegliedert ist, bietet es sich an, dass diese sich regelmäßig zusammensetzen und austauschen. Das kann durchaus auch ohne Ihr Dabeisein passieren: Lassen Sie sich in diesem Fall am besten eine Agenda und ein Protokoll geben, damit Sie auf dem Laufenden bleiben und sich eventuell zu Wort melden können. Stellen Sie auch

sicher, dass die jeweiligen Ergebnisse oder Themen/Schwierigkeiten im allgemeinen Teammeeting besprochen werden, wenn dies Sinn macht und es alle betrifft.

Aktiv sein und Teamgeist vorleben

Es ist von grundlegender Bedeutung, dass Sie selbst Teamgeist als etwas Wertvolles und Wichtiges empfinden, klare Vorstellungen und Erwartungen haben und diese mitteilen – und dass Sie sie selbst mit Leben füllen. Bitte vergessen Sie nicht: Sie sind der Teamverantwortliche und spielen deshalb die erste Geige! Sagen und zeigen Sie, dass Sie sich verantwortlich für den Zusammenhalt fühlen, dass Sie ein offenes Ohr für Ihre Leute haben und beispielsweise wünschen, dass sie zu Ihnen kommen, wenn etwas schief läuft. Ob Sie als vertrauenswürdiger Ansprechpartner gesehen werden oder nicht, hängt in erster Linie von Ihrem Auftreten und Verhalten ab.

Was Sie als Vorgesetzter sagen und tun oder unterlassen, wird wahrgenommen und hat Auswirkungen auf Ihre Leute. Auch wenn Sie es vielleicht gar nicht beabsichtigen: Ihre Art zu kommunizieren und mit den Leuten umzugehen hinterlässt Spuren in Ihrem Team. Deshalb ist es wichtig, dass Sie sich so verhalten, wie Sie es von Ihren Leuten erwarten oder wie Sie es gerne hätten. Wenn Sie Zusammenhalt, gegenseitige Unterstützung und Hilfsbereitschaft predigen, müssen Sie das zuallererst auch auf sich selbst beziehen!

Beispiel: Ein Teamleiter fordert seine Leute regelmäßig dazu auf, sich gegenseitig zu unterstützen. Wenn er aber selbst gebeten wird, jemandem zu helfen oder die Schicht zu tauschen, lehnt er immer ab mit der Begründung, zu viel Arbeit zu haben. Wie ernst werden wohl seine Ermahnungen und er selbst in seiner Funktion als Teamleiter genommen?

Es ist sehr wichtig, dass Sie die Regeln guter Kommunikation befolgen. Nicht nur, weil Ihr Verhalten nun mal Vorbildcharakter hat, sondern auch, weil Ihr Image als Vorgesetzter ganz wesentlich dadurch bestimmt wird. Und sich als guter Kommunikator zu beweisen – zum Beispiel höflich und freundlich zu sein, auf andere offen zuzugehen und intensiv zuzuhören sowie klar Position zu beziehen – und positiv auf Ihre Leute abzufärben, dazu haben Sie im Führungsalltag viele Gelegenheiten.

Vorsicht Teamgeist-Killer: Es ist enorm wichtig, dass der Teamgeist nicht durch den Vorgesetzten selbst oder durch bestimmte im Unternehmen verbreitete Praktiken gestört wird.

Hier ein paar Beispiele dafür, was den Zusammenhalt bröckeln lässt:

- ✓ Der Vorgesetzte bevorzugt bestimmte Mitarbeiter und lässt andere links liegen.
- ✓ Der Vorgesetzte legt unterschiedliche Maßstäbe an.
- ✓ Das ganze Team wird für Fehler Einzelner zur Rechenschaft gezogen.
- ✓ Es herrscht ständige Personalknappheit.
- ✓ Die Teammitglieder leiden an Überlastung und Überarbeitung.
- ✓ Das Konkurrenzdenken wird bewusst angestachelt oder Leute werden gegeneinander ausgespielt, um die Leistung (vermeintlich) zu erhöhen.
- ✓ Gute und schnelle Teammitglieder bekommen immer noch mehr aufgebürdet.
- ✓ Gute (Team-)Leistungen werden als selbstverständlich angesehen, und es gibt keine Anerkennung dafür. Nur wenn etwas nicht so gut läuft, kommt Kritik.
- ✓ Durch Bonussysteme usw. werden in erster Linie oder sogar ausschließlich Einzelleistungen belohnt, und dadurch wird der Teamgeist indirekt „bestraft“.

Teamgeist entwickeln und pflegen

Keine Frage: Es ist ungemein wichtig, wie Sie sich selbst verhalten und dass Sie mit gutem Beispiel vorangehen. Aber das ist noch lange nicht alles, was Sie als Führungskraft tun können und tun sollen. Denn leider genügt es nicht, gute Rahmenbedingungen zu schaffen und offenes Kommunizieren sowie Teamgeist vorzuleben. Sie müssen auch direkt auf Ihre Leute einwirken, sie animieren, lenken und in die von Ihnen angestrebte Richtung „erziehen" – manchmal sogar richtiggehend in die Pflicht nehmen. Auch hier sollten Sie die unterschiedlichsten Situationen nutzen, um Ihre Botschaft unter die Leute zu bringen und sich als konstruktiver Teamleiter zu erweisen: von Gesprächen unter vier Augen bis hin zu den Teambesprechungen.

Vergessen Sie auf keinen Fall den ganz normalen Arbeitsalltag! Je präsenter Sie sind und je mehr Sie mitbekommen, umso schneller und leichter können Sie in Aktion treten, wenn sich negative Entwicklungen anbahnen sollten. Und umso besser können Sie die Qualität der Zusammenarbeit und den Teamgeist beurteilen – sich darüber freuen und Ihre Leute dafür loben. Es ist sehr wichtig, dass Sie sehen und explizit anerkennen, was gut läuft! Wie bereits erwähnt, sollten Sie sowohl Ihr Team als Ganzes als auch die Teammitglieder als Individuen wahrnehmen und führen. Das gilt in besonderem Maße für Lob und Kritik: Schneiden Sie beides individuell auf die Leute zu und begründen Sie Ihre Meinung gut. Pauschale Rundumschläge – positive und negative – wie „Ihr seid ja alle so toll!" oder „Ihr seid alle schlecht, weil Ihr das Teamergebnis nicht erreicht habt!" werden entweder nicht ernst genommen oder wirken sich demotivierend aus. Wir kommen jetzt zu einigen Vorschlägen und Anregungen, was Sie konkret unternehmen können, um den Teamgeist zu stärken und zu pflegen.

Die Bedeutung von Teamgeist betonen

Damit ist keinesfalls gemeint, oberflächliche Floskeln zu verbreiten und sich theoretisch über den „Mehrwert" von Teamarbeit auszulassen. Vielmehr geht es darum, dass Sie als Vorgesetzter vom Wert der Teamarbeit überzeugt sind, klare Vorstellungen und Erwartungen haben – und all das Ihren Leuten mitteilen. Es ist wichtig, dass Sie klipp und klar aufzeigen, inwiefern jeder Einzelne von einem guten Teamgeist profitieren kann, was es also bringt, sich mit anderen zusammenzuraufen, sich gegenseitig zu unterstützen und gemeinsame Sache zu machen. (Denken Sie daran, letztlich geht es immer um die eine Frage: *What's in it for me?*)

Das alles ist natürlich ganz besonders von Bedeutung, wenn Teamarbeit neu eingeführt werden soll. Aber auch einem bereits etablierten Team gibt es positiven Schwung, wenn Sie das Thema immer mal auf den Tisch bringen – und nicht nur/erst dann, wenn etwas Negatives passiert ist. Dazu gehört wiederum, dass Sie die Bemühungen, den Einsatz und den Zusammenhalt Ihrer Leute loben und all das anerkennen, was gut läuft. Auch hier: Es geht um ernst gemeinte und begründete Anerkennung, nicht um oberflächliche Lobeshymnen im Rahmen der alljährlichen Weihnachtsfeier oder eines Kick-off-Meetings („Wir sind ja so ein tolles Team!").

Klare Regeln vereinbaren – und durchsetzen

Vielleicht denken Sie, dass das irgendwie überhaupt nicht zusammenpasst: Teamgeist und Regeln! Wie aus den bisherigen Ausführungen klar geworden sein dürfte, ist Teamgeist nicht mit Freundschaft und harmonischen Beziehungen zu verwechseln. Gar nicht selten wird genau dieses Missverständnis zum Verhängnis – der Teamgeist geht den Bach runter, weil es keine klaren Regeln gibt und zu sehr auf Harmonie gebaut wird.

Ein Beispiel: Zwei Mitarbeiter können sich nicht leiden und gehen unfreundlich miteinander um, was negative Auswirkungen auf die Stimmung im ganzen Team hat. Es haben schon mehrere Gespräche mit dem Teamleiter stattgefunden, in denen die beiden Teammitglieder Besserung gelobt haben – daraufhin klappt es ein paar Tage lang, dann aber geht es weiter wie gehabt. Der Teamleiter weiß nicht, wie oft er noch mit seinen beiden „Sorgenkindern" sprechen soll, und resigniert.

An diesem sehr knapp beschriebenen Beispiel erkennen Sie ganz deutlich: Es ist wichtig, dass Sie als Vorgesetzter klare Erwartungen an Ihre Leute haben, mit ihnen eindeutige Vereinbarungen treffen – und die Einhaltung auch überprüfen. In unserem Beispiel sollte der Teamleiter sich aktiv als Mediator einschalten, sprich eine oder auch mehrere Aussprachen zwischen den beiden in die Wege leiten. Er sollte aber auch unmissverständlich klar machen, was er sich von ihnen in punkto Umgang miteinander erwartet, gemeinsam konkrete Vereinbarungen treffen – und diese dann auch überprüfen. Auch Teamgeist braucht ein paar Regeln, um gedeihen zu können.

Zum Nachfragen animieren

In unseren Coachings und Trainings erfahren wir immer wieder, dass Zusammenarbeit und Zusammenhalt im Team beeinträchtigt oder richtiggehend gestört sind, nur weil Missverständnisse nicht als solche erkannt und nicht sofort geklärt wurden. Sehr oft wird aus einer Mücke ein Elefant – nur weil niemand die Sache rechtzeitig angesprochen oder ernst genug genommen hat. Manchmal ärgert sich jemand über etwas, was ein Teamkollege sagt oder tut, schweigt sich aber darüber aus, um innerlich immer gereizter zu werden – was natürlich das ganze Team beeinflusst – und irgendwann zu explodieren.

All das muss überhaupt nicht passieren: Und Sie als Vorgesetzter können sehr viel Einfluss auf Ihre Leute nehmen, sie zu mehr Offenheit animieren und so eine positive Stimmung im Team erhalten. Was Sie Ihren Leuten raten und worauf Sie immer wieder hinweisen können ist: Nachfragen und der Sache auf den Grund gehen! Denn oft genug stellt sich heraus, dass der Teamkollege es nicht so gemeint hat, vielleicht nur schlecht drauf war und sich deshalb im Ton vergriffen hat. Sehr viele Unstimmigkeiten und Unklarheiten lösen sich quasi von selbst, sobald man sie angesprochen hat. Und sollte doch etwas Ernsthaftes dahinter stecken, dann ist es mit Sicherheit nur positiv für den Teamgeist, wenn die Sache so schnell wie möglich geklärt wird. Deshalb: Animieren Sie Ihre Leute – im Arbeitsalltag, in Einzelgesprächen und in Teammeetings – dazu, immer sofort und direkt nachzufragen, wenn ihnen etwas nicht ganz klar ist, wenn sie sich unfair behandelt oder attackiert fühlen usw. Denn Teamgeist kann nur gedeihen und wachsen, wenn keine ungeklärten Konflikte und Spannungen im Untergrund lauern.

Alle zu Wort kommen lassen

Meistens besteht ein Team aus mehr und aus weniger extrovertierten Leuten. Und nicht selten „dominieren" die Extrovertierteren über die eher Introvertierten und spielen die erste Geige. Es ist wichtig, dass Sie ein solches Ungleichgewicht wahrnehmen und in Aktion treten – denn hier besteht die Gefahr, dass das Team sich in zwei Gruppen aufspaltet und dass wertvolle Inputs verloren gehen, einfach weil die Stilleren sich zurückziehen. Um in den Genuss des so oft genannten Synergie-Effektes zu kommen, ist es unerlässlich, dass Sie alle Teammitglieder zum Zuge kommen lassen – und manche müssen richtiggehend dazu animiert werden. Um die Stilleren und Introvertierteren aus der Reserve zu locken, können Sie beispielsweise:

- ✓ Einzelgespräche führen und die Betroffenen dazu ermutigen, sich öfter einzubringen;
- ✓ herausfinden, welche Gründe es für die Zurückhaltung gibt, und gemeinsam Lösungen ausarbeiten (z. B. Coaching für Persönlichkeitsentwicklung, Ausgleich von fachlichen Defiziten, Aussprache mit Kollegen usw.);
- ✓ die zurückhaltenden Teammitglieder in Meetings explizit um ihre Meinung bitten (manche Menschen brauchen einfach einen „Redeauftrag", um aktiv zu werden);
- ✓ Teambesprechungen entsprechend organisieren und institutionalisieren, dass jeder zu Wort kommt und gehört wird.

Damit machen Sie auch klar, dass jeder wichtig ist – und schenken nicht nur denen Ihre Aufmerksamkeit, die laut und auffälliger sind. Andererseits kann es eventuell sinnvoll sein, überaktive Teammitglieder zu „bremsen". Das ist natürlich kein Thema für eine Teambesprechung, und es geht auf keinen Fall darum, einem besonders lautstarken

Mitarbeiter das Wort zu entziehen oder ihn zu kritisieren. Suchen Sie das Gespräch unter vier Augen, sprechen Sie ihm Ihre Anerkennung für sein Engagement aus, und bitten Sie ihn darum, die stilleren Teamkollegen zu ermutigen, indem er sich selbst etwas zurückhält. Appellieren Sie an seinen Teamgeist und zeigen Sie, wie er durch etwas Zurückhaltung einen Beitrag dazu leisten kann.

Tipp: Achten Sie auch darauf, wie – in Meetings und im Arbeitsalltag – mit Ideen, Vorschlägen, Zweifeln und Rückfragen umgegangen wird. Gerade unter Zeitdruck gibt es die Tendenz, sehr schnell zu entscheiden, zu urteilen und zu verurteilen – und unachtsam mit Worten umzugehen. Sprüche wie „Wie, das weißt du nicht???", „Das ist doch klar, dass das nicht geht", Killerphrasen wie „Das wird nie was!" oder auch scherzhaft gemeinte Statements wie „Auch ein blindes Huhn findet mal ein Korn" können sehr verletzen. Sie zerstören Offenheit und respektvolles Miteinander. Sogar wenn es nicht so gemeint ist.

„Streitkultur" entwickeln und pflegen

Auch wenn viele Führungskräfte das nicht so gerne hören: Meinungsverschiedenheiten, Schwierigkeiten und gelegentlich auch Auseinandersetzungen gehören zum Arbeitsleben einfach dazu – es gibt keine rein sachlich/fachliche Zusammenarbeit, die allein nach den Gesetzen der Logik abläuft. Dazu kommt, dass nur die wenigsten Mitarbeiter es gelernt haben und geübt darin sind, Schwierigkeiten auf den Tisch zu legen und konstruktiv anzusprechen. Deshalb ist es wichtig, dass Sie als Vorgesetzter es tun und auch in diese Richtung die Initiative ergreifen. So lernen Ihre Leute mit der Zeit, von sich aus aktiv zu werden – und Schwierigkeiten in Eigenregie und Selbstverantwortung zu lösen.

Es sind nicht die Fehler, Schwierigkeiten oder Missverständnisse an sich, die auf Dauer belastend und gefährlich sind – sondern das Schweigen darüber, der Mangel an Auseinandersetzung, das Verschleppen. Denn dadurch wird die Sache erstens nicht besser, und zweitens tun sich allmählich Gräben zwischen den einzelnen Leuten auf.

Ja, Auseinandersetzungen sind keine bequeme Sache, was viele Menschen (Chefs wie Mitarbeiter) dazu verleitet, sie auf Teufel komm raus zu vermeiden und oberflächlich so zu tun, als wäre alles in Ordnung. Aber die Dinge auf den Tisch zu legen bietet große Chancen und macht es erst möglich, dass man etwas unternehmen kann. Es ist wichtig, dass Sie als Vorgesetzter keine Angst vor Konfrontationen haben, sondern sie als Chance sehen, um die Dinge zu verbessern – und das Ihrem Team auch sagen. Animieren Sie Ihre Leute dazu, Schwierigkeiten und kritische Themen anzusprechen und zu klären. Manchmal braucht es sogar ein „reinigendes Gewitter", um mit neuem Elan an die Arbeit gehen zu können.

Die gute Botschaft lautet: Je früher Schwierigkeiten angesprochen werden, umso leichter fallen sowohl die Gespräche als auch das Finden einer Lösung. Und je selbstverständlicher und unverkrampfter Ihre Leute das tun, umso mehr schweißt sie das zusammen. Heute konstruktiv zu streiten ist eine Investition in den Teamgeist von morgen.

Freude und positive Stimmung fördern

Mindestens genauso wichtig wie die Sache mit der Streitkultur ist es, eine „Freude-und-Lob-Kultur" aufzubauen und zu bewahren. Sie meinen, das passiere von alleine? Leider nicht: Denn die meisten Menschen haben es nicht gelernt und konzentrieren sich eher auf das Negative, auf die Fehler und all das, was in ihren Augen nicht funktioniert.

Auch hier müssen Sie als Vorgesetzter die Initiative ergreifen und den Ton angeben. Es ist wichtig, dass Sie Ihren eigenen Blick auf das Positive lenken, zur Kenntnis nehmen, was gut läuft, und das auch explizit und immer wieder sagen. Sprechen Sie Ihrem Team insgesamt wie auch den Einzelnen Komplimente aus und loben Sie das, was gut funktioniert. Das sollen nicht nur fachliche Dinge sein: Auch die Zusammenarbeit untereinander, der Zusammenhalt und der Teamgeist sollten Ihnen ein positives Feedback wert sein! Sagen Sie Ihren Leuten, was Sie gut finden, und freuen Sie sich mit ihnen über die gemeinsamen Erfolge.

Unserer Erfahrung nach hat es nur Vorteile, die Mitarbeiter dazu anzuregen, sich über die eigene ebenso wie über die Leistung anderer zu freuen und das auch zu sagen. Denn Lob und gegenseitige Anerkennung erleichtern das Leben ungemein und sind wichtige Bausteine für einen starken Teamgeist. Damit Komplimente und Lob auf fruchtbaren Boden fallen, müssen sie erstens ehrlich gemeint (nicht im Sinne von „Honig ums Maul schmieren", um etwas zu erreichen) und zweitens konkret formuliert sein, dann kann der Empfänger wirklich etwas damit anfangen.

Lösungsorientiertheit statt Suche nach dem Schuldigen

Das klingt vielleicht nach einer Binsenweisheit: Tatsache ist und bleibt, dass gegenseitige Schuldzuweisungen weit verbreitet sind und dem Teamgeist sehr schaden. Behalten Sie als Vorgesetzter immer die Lösung und die Verbesserung im Sinn – denn nur dann können Sie diesen „Geist" auch glaubhaft vermitteln. Um Ihr Team zu stärken, müssen Sie außerdem die Kreativität und Problemlösungsfähigkeit Ihrer Leute anregen – sich also auch mal zurückhalten und nicht gleich eigene Vorschläge einbringen oder gar nur diese gelten lassen. Und so können Sie vorgehen:

(1) „Diagnose" stellen lassen, Ist-Zustand analysieren: *Worum geht es eigentlich? Was genau ist die Schwierigkeit? Woran liegt es eurer Meinung nach?*

(2) Soll-Zustand definieren: *Wie sollte es denn sein? Wie ist der Idealzustand?*

(3) Weg/konkrete Schritte festlegen: *Was muss passieren, wer muss was tun, um eine Verbesserung/Lösung zu bekommen? Was machen Sie als Chef und was die einzelnen Leute?*

Persönliche Schwierigkeiten klären (lassen)

Dies ist ein heikles Thema – und wird genau aus diesem Grund gerne beiseite geschoben, um lieber fachliche Dinge zu diskutieren. Wir können Ihnen nur raten: Lassen Sie sich nicht dazu verleiten! Denn persönliche Schwierigkeiten und Animositäten spielen eine immens große Rolle und können den Teamgeist richtiggehend unterminieren.

Die gute Nachricht lautet: Die meisten persönlichen Schwierigkeiten lassen sich klären und zum Positiven wenden, oft durch eine einzige Aussprache. Denn die Leute wollen im Allgemeinen gute Beziehungen mit ihren Kollegen – und lassen sich deshalb sehr wohl auf ernst gemeinte Klärungsgespräche ein. Um den Teamgeist zu stärken und zu erhalten, sollten Sie erstens mit gutem Beispiel vorangehen und aktiv werden, wenn Sie selbst irgendwelche persönlichen Schwierigkeiten mit jemandem haben. Zweitens sollten Sie Ihre Leute unbedingt dazu animieren und ihnen im konkreten Fall auch einen Rahmen bieten, zum Beispiel Ihr Büro zur Verfügung stellen oder sich gegebenenfalls als Moderator/Mediator zur Verfügung stellen.

Beweisen Sie Geduld und bleiben Sie dran! Wenn persönliche Schwierigkeiten über längere Zeit angedauert und die Fronten sich verhärtet haben, lässt sich die gestörte Beziehungsebene nicht von heute auf morgen und nicht durch – noch so gut gemeinte – Ansätze zur schnellen Problemlösung reparieren. Doch oft geht es nur darum, dass das Eis gebrochen wird und ein Gespräch in Gang kommt, in dem man die Perspektive des anderen kennen lernt und sich in ihn hineinversetzt.

Hilfe zur Selbsthilfe geben

Holen Sie niemals für einen Ihrer Mitarbeiter die Kohlen aus dem Feuer: Wenn sich beispielsweise jemand bei Ihnen über mangelnden Teamgeist im eigenen Team oder einen bestimmten Kollegen beschwert, dann machen Sie erst mal gar nichts außer: zuhören, nachfragen, der Sache auf den Grund gehen. Finden Sie heraus, worum genau es geht, und fragen Sie Ihren Mitarbeiter, was verändert werden müsste, welche Lösungsmöglichkeiten er sieht und welchen Beitrag er selbst leisten könnte. Regen Sie Ihren Mitarbeiter dazu an, die Dinge selbst in die Hand zu nehmen und in Dialog mit den anderen Teamkollegen zu treten. Bieten Sie Rat und Unterstützung an – aber entlassen Sie Ihre Leute nicht aus deren Verantwortung, indem Sie sich zu sehr einmischen.

Sich über Teamgeist und Teamwork austauschen

Wenn Sie den Zusammenhalt in Ihrem Team verbessern und stärken wollen, dann sollten Sie genau das auch thematisieren und zu einem wichtigen Gesprächsinhalt machen. Damit ist gemeint, dass Sie im Team darüber diskutieren, wie gute Teamarbeit und Teamgeist definiert sind, wie Ihre Leute sich selbst sehen und beurteilen, was gut läuft und beibehalten werden sollte, was nicht so gut läuft und was verbesserungswürdig ist usw. Sie können spezielle Teammeetings planen und durchführen, um grundlegende und für alle wichtige Fragen zu stellen und zu diskutieren.

Auch hier sind wieder Ihre Führungsqualitäten und Ihre Initiative gefragt: Denn nur die wenigsten Menschen haben Übung darin, sich intensiv und konstruktiv über die Art der Zusammenarbeit und die Qualität der zwischenmenschlichen Beziehungen auszutauschen. Es ist wichtig, dass Sie als Vorgesetzter die Dinge in die Hand nehmen und Ihre Mitarbeiter anleiten. Ganz besonders dann, wenn Sie diese Art von Gesprächen neu einführen, ist es von zentraler Bedeutung, dass Sie:

- ✓ erklären, was der Hintergrund ist und was Sie damit bezwecken, inwiefern alle davon profitieren können.
  Machen Sie glaubhaft klar, dass es sich um etwas Wichtiges handelt und nicht um Pro-Forma-Veranstaltungen, weil „man das heute nun mal so macht". Es ist unbedingt notwendig, dass Sie selbst dahinter stehen, vom Nutzen überzeugt sind und sich selbst voll einbringen wollen.

- ✓ die Initiative ergreifen und vormachen, wie die Gespräche ablaufen sollen.
  Sprechen Sie Gutes wie Verbesserungswürdiges an (immer konstruktiv!) und laden Sie Ihre Leute ein mitzumachen, sich Gedanken zu machen und sich aktiv einzubringen. Das kann am Anfang zäh sein und viel Durchhaltevermögen erfordern – ganz besonders, wenn früher ein ganz anderer Wind geweht hat. Aber sobald der Stein ins Rollen gekommen ist, kann sich keiner mehr vorstellen, ohne solche Gespräche auszukommen!

- ✓ einen thematischen Rahmen bieten.
  Erleichtern Sie Ihren Leuten die Sache und setzen Sie konkrete Themen auf die Tagesordnung, damit sie überhaupt wissen, worüber sie nachdenken und wozu sie Input geben können. Sie können klare Bereiche oder auch konkrete Fragen vorgeben, zu denen die Leute sich Gedanken machen sollen: Arbeitsabläufe, Fehler, Äußern von Kritik, Zusammenarbeit an bestimmten Schnittstellen oder „Was würden Sie gerne ändern?“ usw.

- ✓ Fragen stellen.
  Nehmen Sie Ihre Leute in die Pflicht, indem Sie im Rahmen des Meetings ganz klare Fragen stellen, etwa: „Wie kommen Sie mit der neuen räumlichen Aufteilung zurecht?“, „Welche Auswirkungen hat es auf die Arbeitsabläufe und auf die Qualität der Arbeit, dass das Archiv in den Keller verlagert wurde?“, „Gibt es etwas, was die Arbeit beeinflusst und nicht unmittelbar mit dem eigenen Team zu tun hat?“

- ✓ den Dingen auf den Grund gehen.
  Geben Sie sich nicht mit oberflächlichen Statements zufrieden wie: „Ideal läuft unsere Zusammenarbeit nicht gerade, aber es sind ja nur Kleinigkeiten“ oder „Der Teamgeist könnte besser sein, aber es geht einigermaßen“. Finden Sie heraus, was genau mit Kleinigkeiten gemeint ist oder inwiefern der Teamgeist besser sein könnte. Denn genau diese Dinge gilt es zu besprechen und zu bearbeiten. Haken Sie nach und fragen Sie nach, bis sich die Sache entweder

tatsächlich in Wohlgefallen auflöst oder bis sich mit den Informationen sinnvoll arbeiten lässt. Legen Sie auch Andeutungen oder Äußerungen auf den Tisch, die Sie im Arbeitsalltag nebenbei mitbekommen haben, und gehen Sie Ihnen gemeinsam mit Ihren Leuten auf den Grund.

Natürlich sollen Sie alle diese Gelegenheiten nutzen, um sich positiv zu äußern, wenn die Zusammenarbeit gut funktioniert und wenn Fortschritte gemacht werden: Zeigen Sie ruhig Ihre Freude darüber und loben Sie Ihre Leute. Über sich selbst, die Zusammenarbeit und den Teamgeist zu sprechen ist ein ebenso einfaches wie wirkungsvolles Mittel, um die Gesprächs- und Kommunikationskultur zu verbessern und zu intensivieren.

Humor und Lachen

Damit ist nicht gemeint, die rosarote Brille aufzusetzen und alles schönzureden – oder Witze zu erzählen, um die Stimmung zu verbessern. Vielmehr geht es darum, über sich selbst und miteinander lachen zu können, sich gegenseitig das Leben zu erleichtern und eine grundsätzlich positiv-lockere Atmosphäre zu gestalten. Lachen ist bekanntlich ein soziales Schmiermittel – es dient dazu, Spannungen abzubauen, Situationen zu entschärfen und die Lebensgeister zu wecken. In einer solchen Atmosphäre tut sich jeder viel leichter, auch mal was Kritisches zu sagen und Fehler zuzugeben, sprich wirklich offen zu kommunizieren.

Auch hier spielen Sie als Vorgesetzter eine zentrale Rolle: Es ist wichtig, dass Sie über sich selbst lachen können und das auch zeigen. Dass Sie mit gutem Beispiel vorangehen und heikle Situationen mit Sensibilität und Lockerheit zugleich entschärfen. – Und dass Sie einerseits niemals jemand anderen auslachen, aber andererseits sofort in Aktion treten, wenn Sie das bei Ihren Leuten beobachten. Denn Auslachen ist nicht nur unfair, sondern kann sich extrem negativ auf das ganze Team auswirken. Humor und Lachen dürfen stets nur für positive Zwecke eingesetzt werden!

Ein Beispiel: „Der Schuldige der Woche“
Dieses Spiel kann ein unterhaltsames Ventil für Stress sein: Jeweils für eine Woche wird einer im Team dazu auserkoren, an allem schuld zu sein (natürlich nur zum Spaß!). Wann immer irgendetwas schief geht, dürfen die anderen fragen: „Und wer ist wieder schuld?!!!“ – und den Namen desjenigen nennen, der gerade dran ist. Voraussetzung ist natürlich, dass alle mit Humor dabei sind und sich prinzipiell gut miteinander verstehen. Dieses Spiel lockert auf, wirkt in stressigen Situationen entspannend und wird nie langweilig – alleine die Wahl des „Schuldigen der Woche“ sorgt für eine Menge Spaß.

Warum sich Teamgeist lohnt

Dass gute und konstruktive Stimmung in einem Team (und natürlich im gesamten Unternehmen) nicht von ungefähr kommt, sondern viel guten Willen, Engagement und Durchhaltevermögen gerade vonseiten der Vorgesetzten erfordert, das haben wir bereits ausführlich und nachdrücklich betont. Vielleicht fragen Sie sich jetzt, wofür das alles gut sein soll und ob sich der Einsatz wirklich lohnt. Immerhin haben Sie auch so schon genug Arbeit!

Aus unserer Erfahrung können wir diese Frage, ob sich der Einsatz lohnt, nur ausdrücklich bejahen. Die persönliche Ebene spielt (auch) im Arbeitsleben eine immense Rolle: Gute zwischenmenschliche Beziehungen, ein ausgeprägter Teamgeist und das Gefühl dazuzugehören können enorm beflügelnd wirken – und sind ein wichtiger Motivator. Die Motivation, sich voll einzubringen und die eigenen Potenziale auszuschöpfen, hat sehr viel damit zu tun, wie gut die Atmosphäre im Team ist und wie gerne man in die Arbeit kommt. Stimmt die zwischenmenschliche Ebene, sind die einzelnen Teammitglieder viel eher bereit, auch mal die Arbeit von Kollegen zu übernehmen und diese gut zu vertreten. Außerdem zeigen sie sich stärker daran interessiert, gemeinsam an Lösungen und Verbesserungen zu arbeiten. Wenn es ein starkes Wir-Gefühl gibt, rauft man sich schnell wieder zusammen und kann schwierige Situationen viel leichter und mit weniger Schrammen durchstehen.

Wichtig: Sie mögen jetzt denken, das sei ja alles ganz gut und schön, aber in Ihrem Unternehmen herrsche grundsätzlich kein Teamgeist und Sie könnten deshalb gar nichts machen ... Lassen Sie diese Überlegungen außer Acht und fangen Sie bei sich selbst an, beginnen Sie mit kleinen Schritten und konzentrieren Sie sich auf Ihre Gruppe. Tun Sie dort alles, was Sie tun können, und pflegen Sie den Teamgeist im Kleinen. Sie werden sehen, dass die positive und konstruktive Stimmung ausstrahlt und andere mitreißt – vorausgesetzt natürlich, Sie und Ihr Team igeln sich nicht ein oder signalisieren, dass Sie sich den anderen überlegen fühlen. Teamgeist ist ansteckend!

5. Neue Leute einstellen und integrieren

Ein schlagkräftiges Team kann enorm viel erreichen. Und es kann noch besser werden, wenn Verstärkung dazukommt. Vorausgesetzt, dass die richtigen Leute eingestellt, diese gut in das bestehende Team integriert und ihre Potenziale ausgeschöpft werden. Kaum zu glauben: doch ein einziges neues Teammitglied verändert Ihre bestehende Truppe – idealerweise im positiven Sinn. Um dies nicht dem Zufall zu überlassen, können Sie im Vorfeld eine Menge tun.

Was ist Ihnen wichtig?

Nur wenn Sie wissen, auf welche fachlichen und persönlichen Qualitäten es Ihnen ankommt, können Sie auch ganz gezielt danach suchen. Interessanterweise vergeben die meisten Unternehmen hier Chancen – wenn eine Stelle frei wird, konzentriert man sich häufig ausschließlich auf die Aufzählung der Wünsche in fachlicher Hinsicht, und das oft sehr oberflächlich. Dabei lassen sich im Vorfeld schon sehr effektiv die Weichen stellen: Durch intensive Vorbereitung ziehen Sie Ihre Wunschkandidaten an und können aus einem Pool viel versprechender Kandidaten auswählen. Dann passiert es Ihnen auch nicht, dass sich zwar viele Leute bewerben, „aber irgendwie immer nur die Falschen". Stellen Sie sich die folgenden Fragen und unterscheiden Sie jeweils Muss- und Kann-Kritieren. Welche Eigenschaften, Qualifikationen muss ein Kandidat unbedingt mitbringen, welche wären vorteilhaft, sind aber nicht Bedingung? Wir kommen dazu noch etwas weiter unten.

Individuell auf die Person bezogen:

Was ist Ihnen fachlich wichtig?
Hier geht es um alle fachlichen Kenntnisse und Fähigkeiten, die für die freie Position relevant sind: Branchenkenntnisse oder -erfahrung, Kenntnisse in bestimmten Computerprogrammen, Sprachen ...

Was ist Ihnen in punkto Persönlichkeit wichtig?
Skizzieren Sie die Idealbesetzung für die Stelle, in Bezug auf das Aufgabengebiet und auf das vorhandene Team: Für eine Stelle, deren Arbeitsabläufe relativ komplex sind und bei der es wichtig ist, „Multitasking“ zu beherrschen, also mehrere Aufgaben gleichzeitig erledigen zu können, werden Sie eine andere Person suchen als für ein eher ruhiges und gleich bleibendes Aufgabengebiet. Dieses Beispiel zeigt deutlich, wie wichtig eine gute Vorbereitung ist – denn wenn Sie sich keine Gedanken über diese grundlegenden Dinge machen, stellen Sie möglicherweise jemanden ein, der „die Krise bekommt“, wenn zwei Telefone gleichzeitig läuten. Vielleicht suchen Sie für Ihr bestehendes Team ganz konkret jemanden, der sehr strukturiert und analytisch arbeitet, um einen bisher fehlenden Faktor mit einzubringen.

Allgemein auf das gesamte Team bezogen:

Wie ist das Team momentan: Was ist positiv/erhaltenswert und was nicht? Was fehlt? Identifizieren Sie konkret die einzelnen Punkte.
Was kann/muss der Einzelne dafür tun?
Was kann/muss das Team als Gruppe dafür tun?
Was ist Ihnen wichtig in Bezug auf Teamarbeit – was erwarten Sie konkret von einem „Neuzugang“?

Wichtig ist es, sich dabei immer zu fragen, ob die jeweilige Erwartung an der richtigen Stelle ist, das heißt, ob es sich um etwas handelt, das ein neuer Mitarbeiter oder das Team selbst lösen kann, oder ob es eher um etwas anderes geht, beispielsweise ein Führungsthema.

Die Personalleiterin eines großen Verlagshauses erzählt: „Wenn Sie starre Strukturen aufbrechen möchten, müssen Sie sich einen Störenfried reinholen. Dann gibt es vielleicht zwei Jahre Unruhe, und dann ist's gut.“ – Hier wird fatalerweise versucht, Führungsschwächen auf der Mitarbeiter-Ebene auszugleichen, doch der Preis dafür, gezielt einen „Störenfried“ in ein bestehendes Team zu holen, um starre Strukturen zu lösen, kann sehr hoch sein. Denn je nachdem, wie sich der „kalkulierte Störenfried“ verhält, kann es einem bestehenden Team empfindlich schaden und sich damit negativ auf die Ergebnisse auswirken oder dazu führen, dass gute Mitarbeiter die Abteilung/das Unternehmen sogar verlassen. Und selbst wenn die Rechnung aufgehen sollte, wird hier das eigentliche Problem – nämlich mangelhafte Führung – unter den Tisch gekehrt.

Stellenbeschreibung

Häufig werden an potenzielle neue Mitarbeiter extrem hohe Anforderungen gestellt, die sich bei näherer Betrachtung als unrealistisch erweisen. Das geht bei der Stellenbeschreibung los und zieht sich durch den gesamten Einstellungsprozess.

Tipp: Eine Stellenbeschreibung (*job description*) ist sehr hilfreich für den Bewerbungsprozess, die spätere Bewerberauswahl und als Information für potenzielle Kandidaten.

Die Stellenbeschreibung (siehe S. 138) sollte enthalten:

- ✓ Der Mitarbeiter berichtet an ... (verwenden Sie keine Namen in der Stellenbeschreibung, sondern Positionen, zum Beispiel „berichtet an den Vertriebsleiter")
- ✓ Aufgabenbereiche (nur im Überblick, jedoch aussagekräftig)
- ✓ fachliche Voraussetzungen
- ✓ persönliche Voraussetzungen

Bei den fachlichen und persönlichen Voraussetzungen empfiehlt es sich wiederum, in Muss- und Kann-Kriterien zu unterteilen. Beispiel Sprachkenntnisse: Englisch ist ein Muss, weitere Sprachen sind Kann-Kriterien. Oder Sie wollen nur jemanden einstellen, der bereits über Branchenkenntnisse verfügt. Dann wären diese ein Muss-Kriterium. Je sorgfältiger Sie vorab die Stellenbeschreibung machen, desto treffender können Sie Ihre Ausschreibung formulieren – Sie gehen zielgerichtet an die Mitarbeiterrekrutierung heran. Und vor allen Dingen können Sie bei der Auswahl der Kandidaten objektiver entscheiden, wenn Sie im Vorfeld Muss- und Kann-Kriterien festgelegt haben und so wirklich genau wissen, was wichtig ist.

Muster für eine Stellenbeschreibung

Vertriebsassistenz Stand: Monat/Jahr
berichtet an: Verkaufsleiter

Aufgaben:
- Betreuung eines eigenen Marktes (Werbeagenturen deutschsprachiger Raum)
- Kundenberatung
- Kaltakquise per Telefon
- Besuche und Präsentationen bei Key Accounts
- Angebote erstellen und Preisverhandlungen führen
- monatliche Verkaufsberichte erstellen

...

fachliche Kenntnisse & Fähigkeiten:
- sehr gutes Deutsch in Wort und Schrift (MUSS)
- sehr gutes Englisch in Wort und Schrift (MUSS)
- Französisch (KANN)
- beherrscht MS Office (MUSS)

...

zur Person:
- sicheres Auftreten
- freundlich
- angenehme Telefonstimme
- „self starter“
- entscheidungsfreudig
- eigenverantwortlich
- flexibel

...

Kandidatensuche

Das Wunschprofil für Ihren künftigen Mitarbeiter haben Sie ermittelt. Sie wissen nun, wonach Sie Ausschau halten, und können dadurch die beste Methode wählen, um die richtigen Kandidaten anzusprechen. Die Möglichkeiten sind vielfältig:

- ✓ Inserat Print (überregionale/regionale Stellenmärkte, Fachblätter)
- ✓ Stellenanzeige im Internet (auf Ihrer eigenen Website oder bei Jobbörsen)
- ✓ Direktansprache, beispielsweise auf Recruiting-Veranstaltungen oder Fachmessen
- ✓ Aushänge an für die Stelle relevanten Ausbildungs-/Fortbildungsstätten
- ✓ Initiativbewerbungen, die das Unternehmen erhält
- ✓ Personalvermittler/Headhunter
- ✓ Zeitarbeitsfirmen
- ✓ Arbeitsamt
- ✓ Empfehlungen („Mitarbeiter werben Mitarbeiter")

Wählen Sie nicht nur das für Ihre Pläne und Ihr Budget passendste Medium, idealerweise in Kombination mit anderen, sondern achten Sie vor allen Dingen darauf, wie Sie die Stellenausschreibung verfassen.

Eine gute Stellenausschreibung

- ✓ wird von der Gestaltung her Ihrem Unternehmensbild gerecht/ vermittelt die gewünschte Wirkung;
- ✓ ist kurz und knackig formuliert;
- ✓ ist aussagekräftig und informativ;
- ✓ macht neugierig auf die Position und Ihr Unternehmen;
- ✓ fordert nicht nur, sondern bietet Informationen über die Stelle, die Anforderungen (fachlich und persönlich) und die Firma;
- ✓ nennt idealerweise einen persönlichen Ansprechpartner;
- ✓ gibt, wenn vorhanden, Ihre Internetadresse an, unter der sich Interessenten näher über Ihr Unternehmen und die ausgeschriebene Position informieren können.

Tipp: Sofern Sie eine bestimmte Form der Bewerbung vorziehen oder bestimmte Angaben, etwa Gehaltsvorstellungen, auf jeden Fall bekommen möchten, sollten Sie auch diese Punkte in die Ausschreibung mit aufnehmen.

Abchecken, ob der potenzielle Mitarbeiter passt

Die wichtigste Vorarbeit haben Sie nun bereits geleistet, die nötigen Anforderungen und Ihre Erwartungen sind formuliert: sowohl was Ihr Team betrifft als auch das persönliche und fachliche Idealprofil Ihres neuen Mitarbeiters. Jetzt geht es darum, aus den vielversprechendsten Kandidaten den richtigen auszuwählen und im Voraus abzuchecken, ob dieser ins bestehende Team passt.

Fragen sind nicht gleich Fragen

Bevor wir konkret in die einzelnen Werkzeuge einsteigen, die Ihnen bei der Auswahl zur Verfügung stehen, ein paar Worte zu verschiedenen Fragevarianten. Nicht empfehlenswert sind geschlossene Fragen, auf die man mit Ja oder Nein antworten kann. Denn entweder sagen sie nicht besonders viel aus, oder sie sind sogar völlig sinnlos, nach dem Muster: „Waren Sie in Ihrer früheren Stelle zufrieden?" – „Nein." „Sind Sie flexibel?" – „Ja." Natürlich können Sie jetzt nachhaken. Doch Sie können auch von vornherein Ihre Fragen so formulieren, dass Ihr Gesprächspartner ausführlicher antworten muss: „Inwiefern waren Sie in Ihrer früheren Stelle zufrieden?" oder „Was verstehen Sie unter Flexibilität, und wie schätzen Sie sich ein?". Haken Sie immer nach und bitten Sie um konkrete Beispiele. So können Sie die Antworten Ihres Gegenübers wirklich verstehen, und Sie erfahren mehr – sowohl inhaltlich als auch über die Persönlichkeit. Gut ist es außerdem, nicht nur Fragen zur Person oder zum bisherigen Werdegang zu stellen, sondern auch Meinungsfragen, am besten praxisbezogen. Beispiele:

Was erwarten Sie von einem Vorgesetzten?
Welcher Ihrer Chefs war am schlimmsten – weswegen?

In welcher bisherigen Firma war das Betriebsklima Ihrer Meinung nach am besten und wieso?
Was tun Sie, wenn Sie einen Arbeitskollegen nicht leiden können? Bitte nennen Sie ein konkretes Beispiel.
Sie sagen, Sie brauchen Stress. Wann genau empfinden Sie Stress? Wie äußert sich das? Wieso brauchen Sie ihn?

Tipp: Leider gibt es immer wieder Bewerber, die Bücher wie *Die 100 besten Standard-Antworten im Vorstellungsgespräch* gelesen haben. Wenn Sie vermuten, dass Ihnen jemand auswendig Gelerntes präsentiert, sprechen Sie das freundlich an und bitten Sie darum, eigene Antworten zu geben. Sonst bekommen Sie keinen echten Eindruck.

Allgemein sollten Sie nicht nur auf den Inhalt der Antworten achten, sondern auch darauf, mit welchen Fragen Ihr Gesprächspartner Schwierigkeiten hat, wo er am meisten zögert, wie die Antwort kommt (Tonfall, Haltung). Übrigens erfahren Sie mehr, wenn Sie bei Sprechpausen schweigen und erwartungsvoll schauen – der Bewerber wird dann weitersprechen. Oder aber Sie haken nach: „Wie meinen Sie das?", „Können Sie mir das näher erklären?", „Haben Sie dazu ein Beispiel?" ...

Das Vorstellungsgespräch

Das Vorstellungsgespräch ist ein vielseitiges Werkzeug, das Ihnen einen persönlichen Eindruck vom Bewerber vermittelt.

- ✓ Sie erfahren idealerweise mehr vom Kandidaten, als Sie schon aus den Unterlagen wissen.
- ✓ Sie bringen dem Bewerber Ihr Unternehmen und die Position näher.
- ✓ Sie können ein positives Image Ihres Unternehmens vermitteln (oder auch nicht).

Nicht überall werden diese Facetten beachtet. Leider. In Wirklichkeit laufen viele Vorstellungsgespräche so ab, dass der Firmenvertreter redet und redet und am Ende des Interviews praktisch nichts über den Bewerber erfahren hat. Ungeübte Interviewer stellen auch schon mal gar keine Fragen, weil sie glauben, alles bereits zu wissen. Wie die Personalentscheiderin, die ihre Interviews im Café führte und zu einer eben eingetroffenen Bewerberin sagte: „Ich sehe ja: Sie sind eine Frau vom Fach. Da können wir direkt auf die Konditionen zu sprechen kommen." In so einem Fall verpassen beide Seiten Chancen – und die Wahl „stellen wir diese Bewerberin ein" beziehungsweise „möchte ich bei diesem Unternehmen arbeiten" artet zu großen Teilen in ein Ratespiel aus. Es lohnt sich, das Risiko einer Fehlentscheidung für beide Seiten auf ein Minimum zu reduzieren. Denn die Folgen wiegen meist schwer: Unzufriedenheit, schlechte Performance im Job oder auch, dass man sich nach kurzer Zeit wieder trennen muss. Das kostet nicht nur Geld und Energie, sondern vor allen Dingen Zeit – die Suche war abgeschlossen, anderen Kandidaten wurde bereits abgesagt, der neue Mitarbeiter wurde komplett eingelernt. Alles für die Katz. Möglicherweise hat sich große Unruhe im bereits bestehenden Team verbreitet, was sich negativ auf Leistungen und Arbeitsatmosphäre auswirken kann – das ist häufig der Fall, wenn der „Neue" als Mensch nicht dazugepasst hat. Der Mitarbeiter wird sich ebenfalls ärgern, muss er sich doch erneut um eine Position bemühen, und das möglicherweise nach nur wenigen Monaten.

Das lässt sich vermeiden: Beide Seiten können sehr von einem guten Auswahlverfahren profitieren, in dem ausgewogen über den Bewerber, die Position, das Unternehmen und alle relevanten Themen gesprochen wird, Fragen geklärt und wesentliche Eigenschaften vorher abgeklopft werden. Wichtig dafür ist Offenheit – auf beiden Seiten. Als Personalentscheider können Sie das sehr positiv beeinflussen. Sehen wir uns zunächst wesentliche Rahmenbedingungen für ein erfolgreiches Job-Interview an. Hier ein empfehlenswerter, praxiserprobter Aufbau eines Vorstellungsgespräches:

(1) Der Bewerber spricht – und Sie stellen alle Ihre Fragen.
(2) Sie machen eine Führung durch das Unternehmen oder durch die relevante Abteilung.
(3) Sie beantworten die Fragen des Bewerbers.

Durch diesen Aufbau lernen Sie gleich zu Beginn Ihr Gegenüber etwas besser kennen. Der Bewerber kann über etwas sprechen, das er gut kennt: sich selbst. Gerade weil Nervosität im Vorstellungsgespräch eine große Rolle spielt, ist es vorteilhaft, erst einmal über „einfachere" Themen zu reden, als direkt mit branchenbezogenen oder Meinungsfragen mit der Tür ins Haus zu fallen. Sprechen Sie mit Ihrem Gegenüber über seinen Lebenslauf. Ein sehr schöner Einstieg ist es, den Bewerber noch einmal seinen bisherigen Werdegang in eigene Worte fassen und ihn etwas ausführlicher zu den einzelnen Stationen und die jeweilige Motivation, zu wechseln, erzählen zu lassen. Stellen Sie anschließend alle weiteren Fragen – und klopfen Sie auf diese Weise die wichtigen Eigenschaften Ihrer Stellenbeschreibung und Ihrer Team-relevanten Muss-Kriterien ab.

Ein weiterer ganz wesentlicher Grund, warum Sie den Bewerber beginnen lassen sollten: Wer von Anfang an über das Unternehmen und seine eigenen Vorstellungen erzählt, läuft Gefahr, dass ein Bewerber heraushört, welche Art von Mitarbeiter gesucht wird. Kandidaten mit guten intuitiven Fähigkeiten geben daraufhin genau die Antworten, die das Gegenüber hören möchte, und werden so automatisch zum Idealkandidaten. Auch Personalentscheider, die üblicherweise zu viel reden, können sich daran als roten Faden halten: Auf diese Art ist klar, dass in der ersten Gesprächshälfte der Bewerber spricht und Sie selbst die Fragen stellen und zuhören.

Wenn Sie Ihre Fragen gestellt haben und wenn Ihnen der Kandidat noch immer viel versprechend erscheint, dann unterbrechen Sie das Gespräch doch und machen Sie eine kurze Führung durch das Unternehmen (oder die relevante Abteilung) sowie an den späteren Arbeitsplatz. Damit erhält der Bewerber einen unmittelbaren Eindruck vom Ambiente sowie von der Atmosphäre und den späteren Kollegen – ein sehr wertvoller Aspekt, wenn Sie den Kandidaten interessant finden: Sie möchten ja erreichen, dass sich Ihr potenzieller neuer Mitarbeiter bewusst und gerne für Ihr Unternehmen entscheidet. Und das fällt leichter, wenn man mehr von der Firma kennt als nur das Besprechungszimmer.

Anschließend geben Sie dem Bewerber Gelegenheit, seine Fragen zu stellen: über die Position, über das Unternehmen, über das Team ... Aus den Fragen ersehen Sie nicht nur, was dem Bewerber wichtig ist, sondern auch, wie gut er sich vorbereitet hat und wie er auf die Führung reagiert.

Sieben goldene Regeln für ein erfolgreiches Job-Interview

(1) Gehen Sie respektvoll mit dem Bewerber um.
Selbst wenn sich herausstellt, dass Ihr Gegenüber nicht Ihren Vorstellungen entspricht, ist es wichtig, dass Sie respektvoll miteinander umgehen – von der Auswahl bis hin zu einer etwaigen Absage. Für das Gespräch bedeutet das: Seien Sie pünktlich und lassen Sie den Kandidaten nicht unnötig warten. Wer tatsächlich aufgehalten wird, sollte Bescheid geben und um etwas Geduld bitten. Entschuldigen Sie sich für die Verzögerung. Seien Sie vorbereitet und zeigen Sie das auch.

(2) Sorgen Sie für eine angenehme Gesprächsatmosphäre.
Seien Sie gastfreundlich, bieten Sie etwas zu trinken an und achten Sie darauf, dass der Bewerber bequem sitzt, ohne beispielsweise von der Sonne geblendet zu werden. Lockern Sie die Stimmung auf – der Bewerber ist nervös! Ein nervöser Bewerber, der zusätzlich verunsichert wird, nützt Ihnen nicht viel: Sie möchten ja den „Menschen hinter der Bewerbung“ kennen lernen und seine Persönlichkeit greifbar machen. Das geht am besten, wenn Ihr Gegenüber locker und entspannt ist und sich nicht im Ausnahmezustand befindet.

(3) Sagen Sie dem Kandidaten, wie das Gespräch in etwa ablaufen wird.
Gehen Sie im Vorfeld auf die Struktur des Gespräches ein: Wenn Sie sich für den vorgeschlagenen Aufbau entscheiden, dann ist es wichtig zu wissen, dass im ersten Teil des Gespräches Sie die Fragen stellen und anschließend Ihr Gegenüber alle seine Fragen loswerden kann. Sofern Sie direkt im Anschluss an das Gespräch einen Test planen oder jemanden hinzuziehen möchten, dann erwähnen Sie das ebenfalls bereits jetzt.

(4) Stellen Sie offene Fragen und haken Sie nach.
Wie bereits erwähnt, stehen Ihnen die verschiedensten Frageformen zur Verfügung. Offene Fragen, bei denen Ihr Gegenüber nicht nur mit Ja oder Nein antworten kann, sind von Vorteil – denn nur so erfahren Sie auch wirklich etwas und bekommen Antworten mit Substanz, die Ihnen helfen, den Bewerber richtig einzuschätzen.

(5) Seien Sie aufrichtig. Beschönigen Sie nicht.
Stellen Sie die Position und Ihr Unternehmen realistisch dar. Es kommt vor, dass Personalentscheider das Blaue vom Himmel erzählen, nur um einen bestimmten Bewerber für sich zu gewinnen. Die Enttäuschung und der Frust sind groß, wenn sich hinterher herausstellt, dass außer schönen Worten nichts passiert ist. Bleiben Sie bei der Wahrheit. Wenn das bedeutet, dass sich ein Bewerber gegen das Unternehmen entscheidet, dann hat das seine Gründe. Und es ist besser für alle Beteiligten, das im Vorfeld zu klären.

(6) Machen Sie sich aussagekräftige Notizen!
Versuchen Sie nicht, alles im Kopf zu behalten. Einerseits verschwimmen Antworten und Eindrücke nach einem Gespräch sehr schnell. Andererseits verwechselt man leicht die einzelnen Bewerber miteinander, besonders wenn in der Auswahlphase viele Interviews geführt werden, möglicherweise mehrere am Tag. Aussagekräftige Notizen sind deshalb sehr wichtig und eine unverzichtbare Grundlage für Ihre spätere Personalentscheidung.

(7) Sagen Sie, wie es weitergeht.
Sind beiderseits alle Fragen geklärt, dann sagen Sie dem Bewerber, wie es weitergeht, und geben Sie ihm in etwa einen Zeitrahmen. *Don't call us we call you* alleine reicht nicht aus. Bieten Sie Ihrem Gegenüber an, Sie gerne anzurufen, wenn sich im Nachhinein noch Fragen ergeben, und sagen Sie ganz konkret, wie sich der Auswahlprozess vollziehen wird. Denken Sie auch daran: Ihr Kandidat hat in der Regel diverse Bewerbungen laufen, und es ist in seinem Interesse, möglichst rasch eine gute neue Position zu finden. Besonders die guten Bewerber sind schnell wieder weg. Und wer nicht weiß, bis wann er mit einer Ant-

wort rechnen kann – oder sich nicht traut, bei Ihnen nachzufragen –, der unterschreibt schon mal einen anderen Vertrag, selbst wenn er an Ihrer Position interessiert gewesen wäre.

Tests

Natürlich können Sie außerdem einen kleinen Test machen, um fachliches Know-how zu prüfen oder einfach einen Eindruck davon zu erhalten, wie der Bewerber an Aufgaben herangeht. Ratsam ist es hier, sich auf einige wenige und praxisbezogene Prüfungen zu beschränken. Beispiele:

✓ Sprachkenntnisse prüfen Sie am einfachsten direkt im Vorstellungsgespräch, indem Sie einen Teil des Gespräches in der anderen Sprache führen. Wenn die Person, die das Interview führt, selbst nicht in der Lage ist, dann holen Sie für diesen Teil einen Kollegen hinzu, der die Sprachkenntnisse beurteilen kann. Sofern es wichtig ist, die Sprache auch schriftlich zu testen, lassen Sie einen kurzen Brief verfassen.

✓ Möchten Sie wissen, ob der neue Mitarbeiter mit dem Computer umgehen kann? Dann stellen Sie ihm eine simple Aufgabe, die mehrere Punkte umfasst: das Programm öffnen, einen Brief oder eine Kalkulation eingeben, diese unter einem bestimmten Ordner abspeichern und ausdrucken.

✓ Geht es darum zu sehen, wie es um die Kommunikationsfähigkeiten steht, dann simulieren Sie doch einfach ein kurzes Kundengespräch.

Wichtig ist, für derartige Tests einen fairen und angemessenen Schwierigkeitsgrad zu wählen. Manchmal werden Bewerber mit extrem komplizierten Aufgaben konfrontiert, die selbst altgediente Mitarbeiter nicht ohne weiteres lösen könnten. Es geht an dieser Stelle nicht um die perfekte Leistung, sondern um den Gesamteindruck. Passen Sie die Tests immer Ihrer Praxis an. Vorgefertige, ellenlange Wissenstests sind nicht unbedingt besonders aussagekräftig. Und auch sehr lange Testsituationen, wie ein- oder zweitägige Assessment-Center, sind nicht unbedingt das Gelbe vom Ei, sondern verschlingen meist nur Zeit und Energie. Mit der Vorarbeit, wie sie zu Beginn dieses Kapitels dargestellt wurde, also der Eingrenzung dessen, was genau Sie suchen und worauf Sie Wert legen, können Sie etwaige Tests gut bestimmen und Art und Umfang optimal festlegen.

Probetage

Am effektivsten ist es, Bewerber, die Sie in die engere Wahl ziehen, zu einem Probetag oder gar einer „Schnupperwoche" zu bitten. Natürlich sollten Kandidaten für diesen Tag auch eine Vergütung erhalten, diese könnte sich zum Beispiel auf dem Niveau dessen bewegen, was studentische Aushilfen bekommen. Der Vorteil ist, dass beide Seiten einen intensiven Eindruck gewinnen: Wie sind die Arbeitsabläufe, wie gehen die Kollegen miteinander um, wie sieht der Arbeitsalltag aus. Und natürlich: Wie fügt sich der Bewerber ein, welche Fragen stellt er, wie „stellt er sich an".

Probetage sollten gut geplant sein! Setzen Sie den Bewerber nicht einfach irgendwo dazu, sondern vereinbaren Sie im Vorfeld mit ausgewählten Mitarbeitern, von wann bis wann sie den Bewerber anleiten, ihm einfache Aufgaben geben sollen und welche Kriterien maßgeblich dafür sind, um später zu beurteilen, wie der Kandidat abgeschnitten hat (siehe auch weiter unten).

Zeitweiser Einsatz/Projektmitarbeiter

Manchmal besteht auch die Möglichkeit, einen Bewerber projektbezogen einzustellen, beispielsweise über eine Zeitarbeitsfirma. Sie können einen potenziellen festen Mitarbeiter zeitlich begrenzt einsetzen, ihn und seine Leistung näher kennen lernen – und wenn Sie zufrieden sind, in ein festes Arbeitsverhältnis übernehmen. Oder aber Sie vereinbaren eine freie Mitarbeit für einen zeitlich begrenzten Rahmen. Am einfachsten ist es, wenn sich jemand firmenintern in Ihre Abteilung bewirbt:

Sie können dann gemeinsam eine Testphase, zum Beispiel für ein abgestecktes Projekt, vereinbaren und anschließend über eine feste Übernahme entscheiden. Diese zeitlich begrenzte Zusammenarbeit hat für beide Seiten sehr große Vorteile: Man lernt sich gegenseitig kennen – die Arbeitsweise, die Abläufe, die Aufgaben, das Team – und kann anschließend fundiert entscheiden, ob man auf längere Sicht miteinander arbeiten möchte.

Die Beurteilung – wer ist Ihr Wunschkandidat?

Jetzt kommen Ihre Notizen während des Gespräches ins Spiel: Am besten können Sie die einzelnen Interviews Revue passieren lassen und vergleichen, wenn Sie Ihre Notizen in eine vorgegebene Struktur bringen. Es bietet sich an, ein Formblatt für Bewerbungsgespräche zu erstellen, aus dem die persönlichen Daten des Bewerbers und die Antworten auf einige Standardfragen hervorgehen, die Sie jedem Kandidaten stellen, um Ihre Eindrücke vergleichbar zu machen. Alle weiteren Fragen und Themen, die sich spontan im Gespräch ergeben, können Sie als freie Notiz ergänzen. Bewerten Sie den Bewerber direkt nach dem Gespräch, wenn Ihre Eindrücke noch frisch sind, nach

- ✓ den fachlichen und persönlichen Anforderungen des Stellenprofils,
- ✓ Ihrem persönlichen Eindruck im Gespräch.

Tipp: Es ist sinnvoll, auf dem Bewertungsbogen einige Charakteristika zu notieren, die Ihnen helfen, sich an den Bewerber zu erinnern. Das kann ein auffallendes Kleidungsstück sein, eine besondere Frisur, ein markanter Punkt im Lebenslauf. Wer einige Gespräche hintereinander führt, tut sich so leichter, einzelne Bewerber zuzuordnen.

Jetzt wird's schwierig: Jeder Personalentscheider ist auch nur ein Mensch. Und so spielen selbstverständlich bei der Beurteilung nicht nur objektive Kriterien eine Rolle, sondern auch der Sympathiefaktor. Der Bauch sollte durchaus mitreden dürfen – jedoch niemals die Alleinherrschaft übernehmen. Um selbst auf Kurs zu bleiben, können Sie sich der folgenden Methode bedienen:

Notieren Sie auf Ihrem Bewertungsbogen die einzelnen Auswahlkriterien – und bewerten Sie den Bewerber: Empfehlenswert ist eine Skala von 1 bis 5, wobei 5 sehr gut ist, 4 gut, 3 okay, 2 weniger gut, 1 mager und 0 schlecht bedeutet.

Listen Sie nun Ihre fachlichen Anforderungen auf – alle Muss-Kriterien werden anschließend mit 2 multipliziert (für ganz wichtige Muss-Kriterien können Sie diesen Faktor auf 3 oder 4 erhöhen). Anschließend kommen die persönlichen Anforderungen (auch hier können Sie durch den Multiplikationsfaktor gewichten). Vermerken Sie außerdem Ihren persönlichen Eindruck und ergänzen Sie sonstige Anmerkungen (diese dienen lediglich als Zusatzinformationen).

Diese Methode gewährleistet, dass Sie die Fakten auf jeden Fall objektiv einbeziehen. Je höher die Endpunktzahl, desto besser erfüllt ein Bewerber die einzelnen Kriterien. Achten Sie besonders auf Ihre wichtigsten Anforderungen (die mit den höchsten Multiplikatoren). So können Sie die verschiedenen Bewerber gut vergleichen – und zusätzlich Ihr persönliches Gefühl mit einbringen.

Auszug aus einem Bewertungsschema

Bewerber A: (konservativer grauer Anzug, Mickey-Mouse-Krawatte)

	Bewertung	*Faktor*	*Ergebnis*
Vertriebserfahrung	2	x 3	6
MS Office	1	x 2	2
BWL Studium	0		0
Englisch	5	x 3	15
flexibel	4		4
freundlich	5	x 3	15
			42

Sonstiges: hat in USA studiert
mein Eindruck: passt sicher gut zu uns ins Team!

Bewerber B: (leuchtend rote Haare)

	Bewertung	*Faktor*	*Ergebnis*
Vertriebserfahrung	5	x 3	15
MS Office	3	x 2	6
BWL Studium	5		5
Englisch	3	x 3	9
flexibel	2		2
freundlich	4	x 3	12
			49

Sonstiges: sein Traum: eigene Firma
mein Eindruck: hat häufig die Stelle gewechselt – bin nicht sicher, ob er länger bleibt

Das bestehende Team bei der Einstellung einbeziehen

Es gibt Unternehmen, in denen neue Leute eingestellt werden, ohne dass das bestehende Team irgendetwas dazu sagen kann: Da trifft der Vorgesetzte oder die Personalabteilung die Entscheidung. Das andere Extrem ist, die Einstellung eines neuen Mitarbeiters völlig demokratisch zu treffen: Jeder interviewt jeden, und wenn nicht am Schluss alle Hände oben sind, wird eine Absage erteilt. Beide Varianten sind nicht das Optimum. Empfehlenswert ist eine Kombination: Selbstverständlich bleibt die Entscheidung bei der Führungskraft. Doch sollte bei dieser Entscheidung das Feedback des bestehenden Teams mit einfließen. Dies geht nur, wenn die Rückmeldung der Belegschaft in einer konstruktiven und vor allen Dingen aussagekräftigen Form geschieht.

Inwieweit bestehende Mitarbeiter einbezogen werden, hängt davon ab, wer eingestellt wird. Und natürlich geht es nicht immer darum, die Meinung eines jeden Einzelnen in der betroffenen Abteilung zu berücksichtigen. In der Regel werden weitere Personen erst zugezogen, wenn es „ernst“ wird, also wenn der Bewerber ernsthaft infrage kommt. In den seltensten Fällen bringt es etwas, bereits beim ersten

Gespräch andere hinzuzuziehen. Die erste Auswahl anhand von Bewerbungsunterlagen können Sie mit einer anderen Führungskraft treffen. Für das erste Gespräch können Sie vereinbaren, dass bei einem viel versprechenden Kandidaten diese Führungskraft im Laufe des Interviews dazukommt. Erst bei einem zweiten Gespräch oder Probetag macht es Sinn, andere Teammitglieder in den Auswahlprozess einzubeziehen. Beispiele:

(1) Für die neu gegründete Abteilung Business Development stellt sich ein Bewerber vor. Das erste Gespräch führt der Geschäftsführer. Beim zweiten Gespräch ist die ganze achtköpfige Managementgruppe zugegen.

(2) Eine Teamassistentin soll eingestellt werden. Das erste Gespräch führt die Verkaufsleiterin, für einen begrenzten Zeitraum ist die Gruppenleiterin zugegen, um einen eigenen Eindruck zu bekommen. Viel versprechende Kandidaten werden zu einem Probetag gebeten.

Um das Beste aus einer Team-Entscheidung herauszuholen, müssen Sie:

Feedback an relevanten Stellen im Auswahlprozess einholen
Feedback bei den „richtigen Leuten" erfragen
Gegebenheiten schaffen, die eine Beurteilung überhaupt erlauben
Rückmeldungen aussagekräftig und konstruktiv machen

Feedback an relevanten Stellen im Auswahlprozess einholen

Damit ist gemeint, erst dann Dritte dazuzuholen, wenn es Sinn macht. In nicht wenigen Unternehmen werden beispielsweise die allerersten Gespräche bereits zu zweit oder gar zu dritt geführt. Das ist in der Regel Zeitverschwendung, denn das erste Gespräch stellt eine Art Filter dar. Ziehen Sie besser erst dann Kollegen hinzu, wenn sich ein Kandidat im ersten Gespräch als sehr viel versprechend erwiesen hat. Wichtig ist es natürlich, die Termine mit den Kollegen abzusprechen und ihnen mitzuteilen, dass sie möglicherweise spontan dazugerufen werden.

Feedback bei den „richtigen Leuten“ erfragen

Es geht nicht darum, das Okay von jedem einzelnen Teammitglied einzuholen. Eine Sache ist es, wie ein Bewerber persönlich auf die vorhandenen Mitarbeiter wirkt, eine andere, ihn persönlich und fachlich zu beurteilen. Wählen Sie Mitarbeiter gezielt aus und erfragen Sie ihre Meinung zu ganz konkreten Punkten: „Wie finden Sie den Bewerber fachlich?“ wäre nicht besonders konkret – natürlich können Sie durch gezieltes Nachhaken dennoch eine relevante Antwort erhalten.

Besser ist es auch hier, gleich eindeutige Fragen zu stellen, etwa: „Wie ist Ihr Eindruck zu den Branchenkenntnissen des Bewerbers?“ oder „Wie ist der Bewerber mit dem Computer zurechtgekommen? Was kann er gut, wo sehen Sie Schwächen?“.

Gegebenheiten schaffen, die eine Beurteilung überhaupt erlauben

Damit ist Planung und Struktur gemeint. Nur wenn ich weiß, was genau beurteilt werden soll und worauf deshalb geachtet werden muss, ist eine Beurteilung möglich. Ein gutes Beispiel sind Einzel-Interviews. In manchen Firmen werden Bewerber, die in die zweite Auswahlrunde gekommen sind, für jeweils fünf oder zehn Minuten mit jedem Teammitglied alleine gelassen und können sich unterhalten. Wenn einer Ihrer Mitarbeiter diese Zeit nutzt, dem Bewerber etwas über das Unternehmen zu erzählen, ist er hinterher nicht in der Lage, etwas über den Bewerber zu sagen. Deshalb ist es auch bei diesen formlosen Interviews wichtig, allen eine kurze Anleitung zu geben, worüber sie reden können und worauf sie achten sollten. Ein solches Einzelinterview kann durchaus ein reines Plaudern sein, wenn Sie möchten, dass sich vorhandene und potenzielle Mitarbeiter einfach mal so kennen lernen – doch auch dann ist es gut, Tipps zu geben, wie man durch ein Plaudergespräch etwas über das Gegenüber erfährt und zu einem Eindruck kommt.

Übrigens ist es ein gutes Signal an den Kandidaten, wenn der Vorgesetzte bei diesen Einzel- oder Teaminterviews nicht oder nicht die ganze Zeit zugegen ist. Dann gehen Bewerber meist mehr aus sich heraus und stellen auch Fragen über das Unternehmen und die Tätigkeit, die sie sich möglicherweise nicht direkt zu fragen trauen.

Rückmeldungen aussagekräftig und konstruktiv machen

Möglicherweise sind Ihre Leute es nicht gewöhnt, dass sie bei Einstellungen mitreden dürfen – und dass sie selbst eine Meinung über einen Bewerber abgeben können oder sollen. Sehr vielen Menschen ist das unangenehm: Sie wissen entweder nicht, wie sie in so kurzer Zeit einen Eindruck bekommen sollen. Oder sie scheuen sich davor, Negatives zu sagen, weil sie nicht „schuld" daran sein möchten, wenn der Bewerber eine Absage bekommt. Vermitteln Sie Ihren Mitarbeitern deshalb im Vorfeld, wie wichtig Ihnen ihr Feedback ist, dass Sie eine Entscheidung treffen möchten, von der das Team allgemein profitiert. Achten Sie darauf, klar zu machen, dass die endgültige Entscheidung natürlich bei Ihnen als Führungskraft bleibt!

Zwei Varianten kommen häufig vor, wenn jemand ohne gute Anleitung um Rückmeldung zu einem potenziellen Mitarbeiter gebeten wird: Aus einem undifferenzierten Gefühl heraus entsteht meist ein unreflektiertes und unkonkretes Feedback. Wenn der Bewerber gut ankam oder auch nur einfach einigermaßen okay war, lautet das Urteil dann „Er ist ganz nett". Damit lässt sich nicht wirklich etwas anfangen. Die zweite Variante ist der zu kritische Maßstab: Manche Mitarbeiter stellen im Interview komplexe oder schwierige Fragen – oder zimmern sich aus einem Bauchgefühl heraus einen Eindruck, der in „Ich glaube, der schafft das nicht" oder „Der passt nicht zu uns" mündet. Abgesehen davon, dass es in beiden Fällen angesagt ist, konkret nachzuhaken und Beispiele zu erfragen, empfiehlt sich auch hier wieder, gute Vorarbeit zu leisten:

- ✓ Informieren Sie Ihre Mitarbeiter darüber, dass Sie um ihre konkrete Einschätzung bitten.
- ✓ Geben Sie Anregungen oder einen Leitfaden, wie ein Gespräch ablaufen könnte und worauf zu achten ist.

- ✓ Falls Sie den neuen Mitarbeiter für einen Probetag eingeladen haben, vereinbaren Sie mit den Teammitgliedern, die ihn an dem Tag unter ihre Fittiche nehmen, welche Aufgaben sie übertragen können und worauf sie genau achten sollen. Sammeln Sie mögliche Kriterien, und erstellen Sie gemeinsam eine Liste mit konkreten Punkten zur Beurteilung (Computerkenntnisse, Auffassungsgabe, aktives Nachfragen usw.)

- ✓ Kündigen Sie an, dass das Feedback hinterfragt wird, und bitten Sie darum, dass sich Ihr Team während des Gespräches konkrete Situationen und Beispiele merkt. So können Sie gemeinsam die Gründe für ein bestimmtes Urteil nachvollziehen und optimal nutzen.

Nehmen Sie das Feedback Ihres bestehenden Teams ernst, fragen Sie nach konkreten Gründen für eine Aussage – und ordnen Sie es richtig ein: Von wem kommt welches Feedback? Was kann die Person überhaupt beurteilen? Denken Sie immer daran: Sie möchten wertvolle Anhaltspunkte dazu erhalten, wie ein Kandidat bei Ihren Leuten ankommt und wie diese die persönliche und fachliche „Kompatibilität“ mit der Firma, dem Job und dem Team einschätzen.

Neue Mitarbeiter gut und schnell integrieren

Auch hier geht es wieder um zweierlei: um das schnelle Fitmachen des neuen Mitarbeiters, was interne Abläufe, Fachwissen und den Aufgabenbereich angeht, und um die persönliche Integration in das bestehende Team. Natürlich ist es möglich, jemanden einfach an einen Schreibtisch zu setzen oder in eine Produktionshalle zu stellen, ein paar grobe Informationen fallen zu lassen und dann *learning by doing* zu rufen. Doch die Methode „Jetzt bist du völlig auf dich allein gestellt, schau mal, was du machst“ ist nicht gerade optimal. Vielmehr ist es wichtig, gerade in der Anfangsphase genügend Zeit zum Einlernen und eine gute Betreuung zu gewährleisten. Außerdem lässt sich das menschliche Miteinander, der Teamgeist, aktiv fördern.

Fachlich schnell fit bekommen

Wenn jemand ins kalte Wasser geworfen wird, lernt er schwimmen – oder auch nicht. Da in vielen Unternehmen Zeitnot herrscht, leidet häufig die wichtige Einlernphase: Man nimmt sich keine Zeit, erklärt nur bruchstückhaft, und wenn etwas schief geht, braucht man womöglich Ewigkeiten, eine Angelegenheit zurechtzurücken oder fertig zu bearbeiten – was meist darin endet, dass Mitarbeiter überhaupt nicht mehr delegieren. Eine für alle Beteiligten sehr unschöne Situation. Der neue Mitarbeiter wird als Belastung empfunden, kennt keine Zusammenhänge und oft nur Bruchteile dessen, was er wissen müsste, um seine Arbeit gut zu machen und schnell in das gesamte Aufgabengebiet reinzuwachsen. Durch zurückgehaltene Informationen entstehen Fehler, falsche Handgriffe werden zur Gewohnheit ... und die Konsequenzen ziehen sich endlos hin. Wenn es nicht gar so weit kommt, dass man sich vorzeitig wieder trennt. Besser fahren Sie in jedem Fall, wenn Sie folgende Aspekte aktiv angehen:

✓ Gestalten Sie den ersten Arbeitstag positiv.
Seien Sie vorbereitet. Es ist schon vorgekommen, dass neue Mitarbeiter regelrecht vergessen wurden – und bestehende Kollegen gar nichts von einer Neueinstellung wussten. Kein schöner Einstand! Geben Sie im Unternehmen vorher bekannt, wann neue Kollegen beginnen, in welcher Position und wie sie heißen.

Es sollte selbstverständlich sein, dass Sie den neuen Mitarbeiter persönlich willkommen heißen. Wenn Sie verhindert sind, übertragen Sie dies einem Ihrer Mitarbeiter. Der Arbeitsplatz sollte vorhanden und freigeräumt und auch wichtige Vorarbeiten wie Computer-Logins usw. sollten bereits abgeschlossen sein. Das klingt banal, doch leider ist es gar nicht so selbstverständlich. Am ersten Arbeitstag empfiehlt es sich, mit dem neuen Kollegen (vielleicht sind es ja mehrere neue Mitarbeiter) eine Führung durch die Abteilung und, wenn es die Größe des Unternehmens erlaubt, durch die gesamten Firmenräume zu machen. Stellen Sie den neuen Mitarbeiter allgemein vor. Sofern Ihr Unternehmen größer ist, beschränken Sie sich auf die direkten Kollegen, die wichtigsten Ansprechpartner und Schnittstellen, mit denen Ihr neuer Mitarbeiter zu tun haben wird. Weihen Sie den „Neuzugang“ in die Bedienung der wichtigsten Bürogeräte ein, und stellen Sie auch informelle Gewohnheiten und Wissenswertes vor (Kaffeekasse, Essengehen usw.).

✓ Geben Sie dem neuen Mitarbeiter gleich am ersten Tag Informationsmaterial an die Hand.
Es ist wichtig, über die Firma zu informieren, am besten mit einer generellen Einführung in die Unternehmensgeschichte, -entwicklung und den Markt. Machen Sie anhand eines Organigramms die Strukturen klar und stellen Sie auch das Management vor. Außerdem sollten grundsätzliche Informationen wie eine Telefonliste, eventuell sogar ein Sitzplan, bereitliegen.

✓ Erstellen Sie einen Trainingsplan für die ersten Wochen des neuen Mitarbeiters.
Das ist Erfolgsfaktor Nummer eins, wenn Sie neue Mitarbeiter schnell fachlich fit bekommen möchten, sodass diese ihre Aufgaben gut erfüllen und auf diese Weise effektiv einen Beitrag für das bestehende Team leisten: Kümmern Sie sich strukturiert und intensiv um die Einarbeitung. Der Plan sollte enthalten:

- theoretisches Wissen zur Branche/zu internen Firmenabläufen/zur Kundenstruktur/zum Markt;
- eventuell Einarbeitung in ein intern verwendetes Computerprogramm;
- kurze Trainingsphasen in Abteilungen, zu denen es Schnittstellen gibt. Das erleichtert es, die Gesamtzusammenhänge zu verstehen, und fördert die reibungslose Zusammenarbeit und das Miteinander auch über die eigene Abteilung hinaus.
- Zwischentests und eine Art „Abschlussprüfung“, um zu kontrollieren, ob das vermittelte Wissen auch angekommen ist.

Gutes Einlernen hat nichts mit viel oder wenig Zeit zu tun. Wer neue Mitarbeiter überhaupt nicht oder unkoordiniert einlernt, verliert unter dem Strich wesentlich mehr Zeit durch das Nacharbeiten, Berichtigen von Fehlern oder durch den verzögerten Einsatz des neuen Mitarbeiters. Investieren Sie lieber bereits am Anfang konzentriert und geplant Zeit und Energie in eine gute Einarbeitung und profitieren Sie dann schnell von sattelfesten und einsatzfähigen Mitarbeitern. Damit fehlerhafte Arbeitsweisen nicht multipliziert werden oder wichtiges Know-how ins Leere läuft, sollten die Trainer gut ausgewählte Kollegen sein, die sowohl Wissen vermitteln können als auch ihre Arbeit rundum beispielhaft erledigen.

✓ Bestimmen Sie intern einen „Paten“
Eine gute Methode ist, jedem neuen Mitarbeiter einen Kollegen zur Seite zu stellen, der als Ansprechpartner Nummer eins dient und für fachliche und persönliche Fragen bereitsteht. Auch das trägt zur schnellen Einarbeitung und zur Integration ins Team bei – und beide Seiten sind sehr nah dran, zum Beispiel wenn sich bestimmte Lücken oder Unsicherheiten ergeben oder auch, um schnell festzustellen, wie gut sich der neue Mitarbeiter macht und was man ihm bereits zur selbstständigen Bearbeitung anvertrauen kann.

✓ Bleiben Sie in Kontakt!
Schließlich ist es wichtig, dass Sie mit Ihrem neuen Mitarbeiter in Kontakt bleiben. Nur zu oft schweigen Führungskräfte sich aus, und erst gegen Ende der Probezeit kommt plötzlich ein Feedback – negativ oder positiv. Das ist nicht gut, denn der Mitarbeiter hängt in der Luft. Besser Sie ersparen es ihm, während der Probezeit dauernd Angst zu haben, dass er nicht übernommen wird. Auch für Sie selbst wäre es eine unliebsame Überraschung, wenn während oder zum Ablauf der Probezeit plötzlich die Kündigung käme, weil der Mitarbeiter unzufrieden ist und sich heimlich schon nach etwas Neuem umgesehen hat. Fragen Sie stattdessen regelmäßig nach, wie es Ihrem neuen Mitarbeiter geht, ob er Fragen hat, sich wohl fühlt – und geben Sie selbst auch konkrete Rückmeldung zu seiner Leistung. So können beide Seiten offen aufeinander zugehen und zeitnah reagieren, wenn es notwendig ist.

Übrigens gelten diese Aspekte auch, wenn der neue Mitarbeiter bereits im Unternehmen tätig war und für ein Projekt oder fest in Ihr Team kommt. Auch intern läuft so manches anders. Natürlich brauchen Sie bestimmte Aspekte nicht großartig aufgreifen, weil sie bereits bekannt sind: Filtern Sie entsprechend aus, kümmern Sie sich jedoch ebenso sorgfältig um die Integration ins Team, wie Sie es tun würden, wenn jemand von außen kommt.

Persönliches Miteinander fördern

Einige Möglichkeiten, wie Sie die Integration in Ihr bestehendes Team fördern, stecken bereits in der oben genannten Checkliste. Wichtig ist, sich bewusst zu machen, dass die meisten Menschen „fremdeln": Natürlich ist es völlig normal, am Anfang erst einmal etwas distanzierter zu sein und sich behutsam an Neues heranzutasten. Es hilft über viele Anfangsschwierigkeiten hinweg, wenn Sie aktiv Berührungspunkte schaffen und alle im Team ermutigen, aufeinander zuzugehen. Einfacher gestaltet sich dies, wenn Sie bereits bei der Vorstellung nicht nur den Namen sagen, sondern ein paar Sätze zum Aufgabengebiet oder zum bisherigen Background anfügen. Bitten Sie das bestehende Team einfach, den neuen Mitarbeiter mit zum Essen zu nehmen, ihn mit einzubeziehen. Das geht auch im größeren Rahmen, wie das Beispiel eines internationalen Konzerns beweist: An dessen Münchener Standort sind etwa 2000 Mitarbeiter tätig. Zur Firmenphilosophie gehören so genannte „Dates" zum Mittagessen. Bereits in der Einlernphase werden neue Mitarbeiter ermutigt, sich zum Mittagessen regelmäßig mit Kollegen, auch aus anderen Abteilungen, zu verabreden. Gelegenheiten zum Zusammentreffen mit Kollegen gibt es unter anderem bei Schulungen, bei Firmenveranstaltungen, durch die tägliche Arbeit und Berührungspunkte am Telefon oder dadurch, dass sich andere Kollegen selbst vorstellen.

Natürlich brauchen auch die „Neulinge" einen Anstoß, denn nicht jeder ist extrovertiert und geht aktiv auf andere zu. Gerade, wenn sich alle anderen schon kennen. Man möchte ja niemandem zur Last fallen – oder ist absichtlich zurückhaltend, weil man selbst noch nicht abschätzen kann, mit wem man engeren Kontakt möchte, wer einem liegt. Das lässt sich allerdings nur herausfinden, indem man die neuen Kollegen etwas näher kennen lernt und sich einen Eindruck verschafft. Sofern Sie gleichzeitig mehrere neue Mitarbeiter eingestellt haben, achten Sie darauf, dass sich nicht eine Neue-Leute-Clique bildet, die möglicherweise zu einer Konstellation „alte Clique/neue Clique" führt. Zwar ist es verständlich, dass man sich zusammenschließt, weil man im selben Boot sitzt und sich allein dadurch schneller kennen lernt. Ermutigen Sie jedoch neue Mitarbeiter immer dazu, aktiv auf die anderen Kollegen zuzugehen – sowohl im engeren Team/in der Abteilung als auch in der gesamten Firma.

Fazit: Sie sehen, dass Sie bereits im Vorfeld sehr vieles günstig beeinflussen können, um die richtigen Mitarbeiter auszuwählen und ihnen einen schnellen und guten Start in Ihrem Team zu ermöglichen. Auf diese Weise profitieren alle Beteiligten, und Sie bewahren nicht nur die positiven Eigenschaften Ihres Teams, sondern können es darüber hinaus erheblich stärken.

6. Wenn es nicht so läuft, wie es soll

„Wo Menschen sind, da menschelt's" – und dementsprechend wird es in jedem Team einmal zu Turbulenzen kommen. Natürlich, je mehr man im Alltag darauf achtet, dass die Dinge gut laufen, desto weniger Schwierigkeiten gibt es, und atmosphärische Störungen lassen sich leichter lösen. Nicht immer geht es um Kleinigkeiten: Das „Menscheln", das so harmlos klingt, kann in handfeste Streitigkeiten ausarten. In diesem Kapitel sehen wir uns mögliche Gründe für Probleme im Team an und gehen darauf ein, was Sie in solchen Fällen tun können:

Streit zwischen Teammitgliedern
Konkurrenz und Eifersucht
Cliquenwirtschaft
Der Teamleiter wird nicht anerkannt
Der Teamleiter ist nicht in der Lage, das Team zu führen
Einzelne Teammitglieder schießen quer oder ziehen nicht mit
Persönliche Antipathien
Demotivation

Als Führungskraft ist es nicht immer leicht, sich für den Teamgeist verantwortlich zu fühlen. Gerade, wenn man selbst in seiner „eigentlichen" Position (eigenes Tagesgeschäft, Administratives, Besprechungen, Strategien und Konzepte usw.) fachlich stark gefordert ist, zehren die Führungsaufgaben häufig an den Nerven. Und nicht selten, seien wir ehrlich, tendieren dann die eigene Lust und Motivation, sich zu engagieren und die Dinge wieder ins Lot zu bringen, in Richtung Nullpunkt. Chef sein, egal für wie viele Mitarbeiter und in welcher konkreten Funktion (z. B. als Geschäftsführer, Gruppenleiter), ist eine komplexe und fordernde Aufgabe.

Gerade bei Schwierigkeiten, die im persönlichen Verhalten untereinander begründet sind, rollt man manchmal als Führungskraft frustriert mit den Augen: „Wir sind doch alle erwachsene Menschen ..." Dabei haben Streit, Unstimmigkeiten und Missverständnisse nichts mit dem Alter zu tun. Und jeder wird es aus dem eigenen Privatleben kennen: Die Auslöser sind meistens Kleinigkeiten – der eigentliche Grund ist nicht immer sofort erkennbar.

Der Grundsatz für jede Führungskraft bei Schwierigkeiten im Team sollte lauten: „Ich bin dafür verantwortlich, dazu beizutragen, die Situation zu klären und zu lösen.“ Das heißt nicht, dass Sie mit dem Zauberstab winken, und alles ist wieder in Ordnung. Und es heißt auch nicht, dass die Lösung allein in Ihren Händen liegt. Doch es bedeutet „Action“: Denn wer zusieht und abwartet, riskiert, dass eine eigentlich schnell zu lösende Kleinigkeit zu einem großen Problem ausartet.

Streit zwischen Teammitgliedern

Die neue Mitarbeiterin steht völlig aufgelöst im Türrahmen der Abteilungsleiterin. Aufgebracht stößt sie Satzfetzen hervor: „... brauch ich mir nicht gefallen zu lassen ...“ – „... kündige ...“ Die Chefin blickt etwas verdattert von ihrer Arbeit auf, weil sie nicht versteht, was abgeht, und geht auf die Mitarbeiterin zu. Diese wird immer hektischer. Sie weigert sich, das Büro zu betreten, erklärt aber nicht, worum es geht. Die Abteilungsleiterin braucht mehrere Minuten, um sie dazu zu bringen, ins Büro zu kommen und in Ruhe zu erzählen. Es stellt sich Folgendes heraus: Die einige Wochen vorher eingestellte Mitarbeiterin hat das Gefühl, dass das fünfköpfige Assistenten-Team, zu dem sie gehört, sie ablehnt. Eine Kollegin grüßt sie angeblich nie, eine andere hat ihr einen Fehler vorgeworfen, woraus sie schließt, dass sie „niemandem etwas recht machen kann“. Nachdem sie sich das mehrere Tage „gefallen lassen“ hat, ist nun das Maß voll, und sie will sofort kündigen. Für ein Gespräch mit der Abteilungsleiterin ist sie nicht offen – und viel zu aufgebracht, um irgendwelche Argumente an sich heranzulassen.

Im konkreten Fall hatte sich bei der Mitarbeiterin sehr viel an Unsicherheit und negativen Gedanken aufgestaut, was sich jetzt in fast hysterischer Weise entlud. Abgesehen davon, dass die Abteilungsleiterin die Kündigung der Mitarbeiterin nicht einfach so hinnehmen wollte, da es sich beim Auslöser um persönliche Differenzen handelte, wollte sie die Mitarbeiterin auch auf keinen Fall in diesem aufgeregten Zustand auf die Straße lassen. Die Lösung der Vorgesetzten:

✓ Erst einmal beruhigend auf die aufgelöste Mitarbeiterin einwirken.

✓ Da die Mitarbeiterin für Aussagen und Rat der Vorgesetzten nicht zugänglich war, beschloss diese, eine Ad-hoc-Besprechung mit allen Beteiligten anzuberaumen, um die Angelegenheit direkt zu klären. Sie schlug dies der Mitarbeiterin vor und fragte, ob das eine gute Lösung für sie wäre. Die Mitarbeiterin bejahte, und die Vorgesetzte holte die beteiligten Kollegen in ihr Büro.

✓ Jetzt schlüpfte die Vorgesetzte in die Rolle der Moderatorin, erklärte, warum es zu dem Gespräch kam, und bat darum, dass alle am Tisch die Gelegenheit nutzen sollten, um offen miteinander zu sprechen. Das Gespräch lief anfangs zögernd, artete dann sogar in handfeste Vorwürfe aus, wurde aber so moderiert, dass es einen konstruktiven Verlauf nahm.

Anhand dieses Beispiels werden zwei wichtige Aspekte klar: Zum einen ist man als Führungskraft oft gezwungen, schnell eine Entscheidung zu treffen. Zum anderen muss man sich für einen Weg/ein „Werkzeug" entscheiden, das passend ist und das man beherrscht. Die Entscheidung, in einer derart aufgeladenen Atmosphäre eine Ad-hoc-Konfrontation herbeizuführen und alle gleichzeitig an einen Tisch zu bringen, birgt durchaus Sprengstoff – und ohne sich dieser Situation gewachsen zu fühlen, hätte die Vorgesetzte diesen Weg nicht gehen dürfen. Eine Alternative wäre gewesen, Einzelgespräche zu führen. Oder auch der aufgebrachten Mitarbeiterin für diesen Tag frei zu geben, damit sie etwas Abstand bekommt, und für den kommenden Morgen ein gemeinsames Gespräch anzuberaumen.

Es ist außerdem wichtig, dass sich die Führungskraft nicht zur Vater- oder Mutterfigur aufspielt. So nach dem Motto „Jetzt gebt euch die

Hand und vertragt euch, und damit ist die Sache erledigt". – Die bestehenden Schwierigkeiten müssen geklärt werden, bei zerstrittenen Teammitgliedern ist es wichtig, dass diese direkt und offen miteinander sprechen. Die Führungskraft als Moderator ist in dem Fall nur dazu da, auf ein konstruktives Gespräch zu achten, zusammenzufassen und selbst Themen anzuschneiden, wenn diese beispielsweise vermieden werden, obwohl sie in der Luft liegen. Hierzu ein zweites Beispiel:

In einem dreiköpfigen Verkaufsteam hat jede Kundenbetreuerin einen eigenen Kundenkreis. Darüber hinaus ist es üblich, sich gegenseitig zu helfen: Wer das Telefon vertretungsweise übernimmt, soll eine Anfrage so weit wie möglich fertig bearbeiten und nicht nur einen Rückruf notieren. Bei längerer Abwesenheit, wie Urlaub, sollen sich die zwei anderen Kolleginnen darum bemühen, alles wegzuarbeiten, damit die Rückkehrerin keine Riesenstapel vorfindet.

In diesem speziellen Team tritt Unmut auf, weil eine Mitarbeiterin von der Leistung her schwächer ist als die anderen beiden. Sie hat das Gefühl, das eigene Pensum schon kaum zu schaffen, und vermeidet daher, Zusatzaufgaben zu übernehmen: Statt eine Anfrage weiter zu bearbeiten, schreibt sie lediglich Telefonnummern auf und legt die Notiz den anderen auf den Tisch. Die anderen beiden halten sich an die Absprache. Nach einiger Zeit splittet sich die Gruppe – und es steht 2:1. Zwei Kolleginnen fühlen sich übervorteilt, die dritte fühlt sich in die Ecke gedrängt. Alle drei leiden unter der Situation, doch keine spricht die Sache offen an. Schließlich sucht eine der beiden leistungsstärkeren Mitarbeiterinnen das Gespräch mit der Abteilungsleitung, schildert die Situation und ergänzt, dass die Atmosphäre mittlerweile wirklich sehr schlecht sei, sie selbst jedoch keine Lösung dafür wüssten – zumal sie, ehrlich gesagt, überhaupt keine Lust hätten, auf die „schwächere" Kollegin zuzugehen, weil diese ja der Grund für den Unmut sei. In diesem Fall war die Vorgehensweise:

- ✓ Der Abteilungsleiter sprach zunächst ausführlich mit der Mitarbeiterin, die sich an ihn gewandt hatte: In diesem ersten Schritt ging es darum, die Stimmung zu entschärfen und das Gespräch in konstruktive Bahnen zu lenken. Ja, sie war aufgebracht, ja, es gab Punkte, die sie ärgerten – gleichzeitig jedoch litt sie unter der Situation und wollte offenbar zur Lösung beitragen. Und, erinnerte die Führungskraft sie, „eigentlich" mochten sich die drei Kolleginnen ja, sie hatten sich vorher immer gut verstanden und konnten miteinander reden.

✓ Der Abteilungsleiter legte der Mitarbeiterin nahe, das persönliche Gespräch mit der dritten („schwächeren") Kollegin zu suchen – und machte auch klar, dass die Verbrüderung mit der anderen („stärkeren") Kollegin zwar verständlich sei, jedoch nicht nur nichts zur Verbesserung der Situation beitrage, sondern diese sogar noch schlimmer mache: Denn man bestärkt sich lediglich immer wieder in seinem Ärger und meidet das klärende Gespräch.

✓ Außerdem bot die Führungskraft an, ein gemeinsames Gespräch zu moderieren – sofern das Team das wünsche.

In diesem Fall übernahm die Mitarbeiterin, die an den Abteilungsleiter herangetreten war, die Initiative und bat zunächst die beiden Kolleginnen darum, bei einem gemeinsamen Mittagessen über die Differenzen zu sprechen und diese zu klären. Dieser Vorschlag wurde erleichtert angenommen, auch wenn natürlich alle Bammel davor hatten, plötzlich offen über die Schwierigkeiten im Team zu sprechen. Während dieses Mittagessens näherte man sich einander zwar menschlich wieder an, alle drei sahen sich jedoch außerstande, die Probleme konstruktiv zu lösen. Da jede daran interessiert war, die gute Teamarbeit und das positive Miteinander wieder herzustellen, einigte man sich darauf, ein weiteres Gespräch mit dem Abteilungsleiter als Moderator zu führen.

Dieses Gespräch fand statt – und nach einer Stunde waren alle Punkte geklärt und neu vereinbart. Damit schien das Ziel erreicht, doch der Abteilungsleiter hatte das Gefühl, es liege noch irgendetwas „in der Luft". Als Moderator sprach er dieses Gefühl an, und nachdem alle Kolleginnen erst herumgedruckst hatten, dass doch alles okay wäre, rückte eine doch noch damit heraus: Die Wochen der persönlichen Schwierigkeiten und des Sich-aus-dem-Weg-Gehens hatten Spuren hinterlassen – Gefühle waren verletzt. Jetzt, da dies ebenfalls im Raum stand, konnten die drei auch über die persönliche Seite des Zwists sprechen und damit die Atmosphäre wieder bereinigen.

Sehr wichtig: das Einzelgespräch

Bei den „üblichen“ Missverständnissen und Streitereien, die im täglichen Arbeitsablauf passieren, ist es oft so, dass das Einzelgespräch der richtige Weg zur Lösung ist. Auch hierzu ein Beispiel:

Der jährliche Betriebsausflug wird geplant. Der Organisator erzählt bei der gemeinsamen Kaffeepause etwas darüber und erwähnt unter anderem eine Bahnfahrt. Die Schreibkraft steuert eine Information über günstigere Bahntarife bei. Der Kollege flippt aus, schiebt ihr die Unterlagen zum Betriebsausflug über den Tisch und meint, sie solle dann halt selbst organisieren, wenn sie alles besser wisse. Die Angestellte ist sauer. Denn erstens wird sie ganz sicher nicht die Organisation des Betriebsausfluges übernehmen, zweitens fühlt sie sich unfair angegangen, und drittens wollte sie nur eine hilfreiche Information geben – das wird sie nun wohl in Zukunft besser sein lassen.

In so einem Fall – es handelt sich um ein klassisches Missverständnis wegen einer Kleinigkeit, die noch dazu nicht mal arbeitsrelevant ist – ist es gut, einen der beiden Kontrahenten „wieder auf den Boden zu bringen“. Beide Kollegen sind aufgebracht und fühlen sich vom jeweils anderen ungerecht behandelt. Und aus der eigenen Perspektive haben beide Recht. Wenn dieses Missverständnis nun nicht geklärt wird, kann es zu lang anhaltendem Streit führen oder gar dazu, dass beide überhaupt nicht mehr miteinander reden. Die Lösung:

- ✓ In einem Einzelgespräch mit der Angestellten wird die Situation „auseinander genommen“, die verschiedenen Standpunkte werden noch einmal neutral geschildert, sodass die Angestellte auch die andere Seite verstehen kann.

Wichtig: Verstehen heißt nicht, Verständnis dafür zu haben, wie sich die andere Person benimmt. Verstehen heißt, dass man nachvollziehen kann, was vermutlich in dem anderen vorgeht, dass man sich in die Lage des anderen versetzt und einen breiteren Blickwinkel bekommt – anstatt des „Ich habe aber Recht"-Standpunktes.

✓ Wichtig ist außerdem, sich von dem „Der andere hat aber angefangen" zu lösen. Sehr häufig stellt das eine Barriere dar, wenn es darum geht, Schwierigkeiten zu klären, um wieder gut miteinander auszukommen: Jeder fühlt sich im Recht und ist der Meinung, der andere müsse den ersten Schritt tun.

Im konkreten Fall war die Lösung recht einfach: Die Angestellte, der wirklich viel daran lag, mit dem Kollegen wieder ein gutes Verhältnis zu haben, suchte diesen in seinem Einzelbüro auf und bat ihn um ein Gespräch. Sie bat den Kollegen, erst mal nichts zu sagen und einfach zuzuhören. Jetzt erklärte sie, wie es ihr mit der Situation gehe, dass es nicht ihre Absicht gewesen sei, zu verletzen oder zu kritisieren, sondern dass sie lediglich hilfreich habe sein wollen. Sie sagte dem Kollegen auch, dass sie über sein Verhalten verärgert gewesen sei, weil sie sich zu Unrecht attackiert fühle. Ihr Wunsch sei, die Sache jetzt mit ihm zu klären, um wieder – wie zuvor – gut miteinander arbeiten zu können. Außerdem verstehe man sich menschlich ja gut. Der Kollege war über die offene Art etwas erstaunt, und es war ihm anscheinend zunächst gar nicht wohl zumute. Gleichzeitig zeigte er sich erleichtert, dass die Kollegin den ersten Schritt getan hatte, um gemeinsam das Missverständnis beizulegen.

Wie wir immer wieder betonen, ist gute Kommunikation generell wichtig: Halten Sie alle Teammitglieder möglichst regelmäßig dazu an, die Dinge zeitnah und offen anzusprechen – und sich besonders dann, wenn es Probleme gibt, direkt an die betreffende Person zu wenden. Das erfordert durchaus Mut. Wenn die Mitglieder Ihres Teams wissen, dass sie aufeinander zugehen können und sollen, dann werden Schwierigkeiten auch schneller und unkomplizierter beigelegt.

Gemeinsame Projekte

Als Führungskraft haben Sie im Konfliktfall auch die Möglichkeit, ein gemeinsames Projekt zu starten, das allen Beteiligten Klarheit über den strittigen Punkt verschaffen soll. Idealerweise bringt es darüber hinaus einen Zusatznutzen im Team, etwa indem man den Auslöser dazu verwendet, um die Zusammenarbeit oder Arbeitsabläufe generell unter die Lupe zu nehmen und zu verbessern. Ein Beispiel:

In einem zwölfköpfigen Team sind die Mitglieder stolz darauf, dass man sich gegenseitig unterstützt und hilft, wenn jemand übermäßig viel zu tun hat. Alle verstehen sich persönlich wunderbar. Ein Mitarbeiter ist etwas zurückgezogen: Er ist sehr effizient in seinen Arbeitsabläufen, arbeitet systematisch vor sich hin und lässt sich so gut wie nie ablenken, etwa durch Gespräche mit Kollegen. Dennoch ist er gut ins Team integriert. Die Schwierigkeiten werden dadurch ausgelöst, dass dieser Mitarbeiter eigene Vorstellungen von Hilfsbereitschaft hat. Er ist häufig früher fertig mit seiner Arbeit und grundsätzlich bereit, andere zu unterstützen, allerdings nur, wenn er ausdrücklich darum gebeten wird. Wenn ihn niemand um Unterstützung bittet, widmet er sich der Lektüre einer Fachzeitschrift oder macht einfach einmal Pause. Obwohl die Teamkollegen wissen, dass sie nur etwas zu sagen brauchen, damit der Kollege sofort die Zeitschrift weglegt und ihnen beispringt, kommt Unmut auf: Denn die Kollegen möchten „aus Prinzip“, dass dieser Kollege von sich aus mitkriegt, wenn jemand Hilfe braucht, und empfinden es als Affront, dass er einfach Zeitung liest. Die Führungskraft nimmt diesen Zwist zum Anlass, um generell über das Thema Hilfsbereitschaft in der Abteilung zu diskutieren. Die Vorgehensweise:

- ✓ Die Abteilung wird in zwei Gruppen geteilt, damit eine Gruppe für einen Vormittag die gesamte Arbeit übernehmen und die andere an dem „Projekt Hilfsbereitschaft“ arbeiten kann. Am Folgetag wird gewechselt.

- ✓ An diesem Vormittag wird allgemein über Hilfsbereitschaft gesprochen: Was bedeutet Hilfsbereitschaft eigentlich, welche Facetten hat sie, wann ist man hilfsbereit, wann nicht? Außerdem schätzen die Teammitglieder sich selbst ein: Wie schneiden wir als Team ab – externen Anfragen gegenüber, intern mit anderen Abteilungen, intern mit Teamkollegen? Und natürlich: Wo können wir uns verbessern? Was möchten wir tun, um noch besser zusammenzuarbeiten?

✓ Diese Ergebnisse werden zusammengefasst, anschließend in der gesamten Abteilung präsentiert und noch einmal besprochen.

Auf diese Weise ist nicht nur der eigentliche Auslöser zur Sprache gekommen, sondern das gesamte Team hat selbstkritisch bewertet, wie es sich allgemein darstellt und wo Verbesserungspotenzial besteht.

Konkurrenz und Eifersucht

Etwas verschärfter ist die Situation, wenn es nicht nur um Missverständnisse oder Kleinigkeiten geht, sondern wenn stärkere Gefühle wie Eifersucht oder Konkurrenzangst dahinter stecken. Die Neigung zu solchen Gefühlen ist in Menschen unterschiedlich ausgeprägt. Unserer Erfahrung nach spielt es jedoch eine sehr große Rolle, ob ein Nährboden dafür vorhanden ist oder nicht. Und daran hat unter anderem die Führungskraft wieder einen großen Anteil – in positiver wie in negativer Hinsicht. Wenn in einem Team Konkurrenzverhalten geduldet oder gar gefördert wird und wenn es Grund zur Eifersucht gibt, weil jemand bevorzugt oder als etwas „Besseres" angesehen wird, dann ist Störungen der Atmosphäre Tür und Tor geöffnet. Für eine gute Führungskraft heißt das:

✓ keine ungesunde Konkurrenz schaffen/fördern,
✓ keine Bevorzugung einzelner Mitarbeiter (z. B. weil man sie lieber mag),
✓ kein gegenseitiges Ausspielen von Teammitgliedern.

Derlei „Führungsstrategien", die menschlich durchaus nachvollziehbar sind, basieren oft auf der Überzeugung, dadurch bessere Ergebnisse zu erzielen. So wird in vielen Unternehmen Konkurrenz bewusst gefördert, um Mitarbeiter „zu Höchstleistungen anzustacheln". Oder derjenige Teamkollege, der sich in den Augen der Führung besonders gut verhält, wird deutlich vorgezogen – damit andere ihm nacheifern. Wo verläuft nun die Grenze? Denn natürlich ist der Umkehrschluss, dass man jeden gleich behandeln sollte – unabhängig von Verhalten und Leistung –, auch nicht das Wahre: Das würde, überzogen darstellt, darin münden, dass jeder das gleiche Gehalt und die gleichen Positionen bekommen müsste. Dem ist natürlich nicht so. Sehen wir uns den Unterschied an einem Beispiel an:

In einer Abteilung arbeitet eine Person besonders gut. Sie erledigt ihre Arbeit schnell und erzielt die besten Ergebnisse. Nun kann zweierlei passieren:

(1) Die Person wird im Team als Kollege geschätzt und aufgrund ihres Fachwissens und der guten Arbeit anerkannt. Andere Teammitglieder kommen gerne mit Fragen auf den Betreffenden zu und nehmen ihn sich als Vorbild.

(2) Die Person wird als „Streber" und „Besserwisser" abgetan, erntet neidische Blicke und wird nicht besonders gemocht. Insgeheim sind einige neidisch auf die guten Leistungen und Ergebnisse.

Ausschlaggebend dafür ist:

✓ Das Verhalten des „guten Mitarbeiters" gegenüber den Teamkollegen: Kapselt er sich ab, hält sich für etwas Besseres – vermittelt er, bewusst oder unbewusst, Arroganz. Oder er ist gut ins Team integriert, gibt hilfsbereit Wissen und Rat weiter – und bittet auch, wenn er selbst nicht weiter weiß, um Unterstützung.

✓ Das Verhalten der Teamkollegen: Manche Menschen blicken neidvoll auf Leute, die sie insgeheim bewundern. Nicht immer handelt es sich hier um „konstruktiven Neid", also um die Anerkennung guter Leistungen und den Wunsch nachzueifern – manchmal ist es böswilliger und selbstzerstörerischer Neid: „Wieso der und nicht ich!?" Auslöser dieses Verhaltens sind Unsicherheit und Unzufriedenheit.

✓ Das Verhalten der Führungskraft oder der in der Firma herrschende Geist: Wird die Person als positives Vorbild gesehen und eingesetzt, etwa bei internen Trainings oder der aktiven Unterstützung neuer Mitarbeiter? Oder wird ihre Leistung anderen als Nonplusultra regelrecht vor die Nase gehalten: „Nehmen Sie sich ein Beispiel an xy, der macht das richtig" – „Wenn Sie nur halb so gut wären wie xy ..."

Wie können Sie sich als Führungskraft verhalten, wenn es zu Eifersüchteleien oder Konkurrenzverhalten kommt?

✓ Wenn bereits ein „Kleinkrieg" zwischen zwei oder mehreren Personen oder gar Abteilungen im Gange ist, bringen Sie alle Beteiligten an einen Tisch und sprechen Sie Ihre Beobachtungen an. Eventuell bietet sich an, ein gemeinsames Projekt zu starten (siehe S. 168).

✓ Betrifft die Konkurrenzsituation zwei bestimmte Personen, sprechen Sie beide separat an und finden Sie im Einzelgespräch Details heraus. Wirken Sie auf jeden der beiden Mitarbeiter ein. Wenn es zu persönlichen Schwierigkeiten in der Zusammenarbeit gekommen ist, sollten Sie ein Gespräch untereinander initiieren. Je nachdem, wie Sie die Situation einschätzen und wie Ihre Mitarbeiter es wünschen, mit Ihnen als Moderator.

✓ Liegt der Grund für die Eifersucht/Konkurrenz eindeutig im Verhalten der beneideten Person, machen Sie diese darauf aufmerksam. Häufig merken Menschen nicht, dass sie ein bestimmtes Verhalten herausfordern – und leiden gleichzeitig darunter.

✓ Nehmen Sie die Situation zum Anlass, Ihr eigenes Verhalten und den Geist des Unternehmens zu prüfen: Es könnte sein, dass es firmenintern Verhaltensweisen gibt, die die Konkurrenz und/oder Eifersucht regelrecht fördern. Wenn ja: Ändern Sie es. Finden Sie heraus, wie Sie Ihre Ziele erreichen, ohne Konkurrenz zu fördern.

Cliquenwirtschaft

Cliquenbildung ist überall, wo Menschen zusammen sind, ganz natürlich: Mit einigen versteht man sich besser und sucht engeren Kontakt, oder es ergibt sich aus der Arbeit, dass man mit einer bestimmten Gruppe mehr zu tun hat. Außerdem kommt das Zugehörigkeitsgefühl („mein Team"/„meine Abteilung") in unterschiedlicher Ausprägung hinzu. Es gibt jedoch auch eine ungesunde Cliquenbildung, und zwar dann, wenn sich eine Gruppe einigelt und abkapselt. Dann kann es passieren, dass ein „Wir gegen den Rest der Welt"-Gefühl entsteht oder auch anderen ein „Wir sind was Besseres" vermittelt wird. Ungesunde Cliquenwirtschaft kann bedeuten, dass andere/neue Mitarbeiter sich ausgeschlossen fühlen oder es tatsächlich werden. Und es können regelrechte Grabenkämpfe zwischen Teams/Abteilungen entstehen.

Dass dies in der Praxis immer wieder vorkommen kann, haben wir selbst erlebt: Als Managerinnen in einem Medienkonzern führten wir die beiden größten Abteilungen der deutschen Hauptniederlassung. Diese beiden Abteilungen wickelten das Tagesgeschäft ab, und die Arbeitsbelastung war konstant sehr hoch. Die gesamte Belegschaft der Niederlassung verstand sich gut, ging freundschaftlich miteinander um und arbeitete gerne und gut zusammen. Im Stress des Arbeitsalltags kam es jedoch immer wieder zu Unstimmigkeiten – meist aufgrund von Kleinigkeiten, wie einer undeutlichen Handschrift, Kritik an der geleisteten Arbeit, Fehlern oder Verzögerungen. Der starke Zeitdruck und die hohe Arbeitsbelastung trugen das Ihre dazu bei, dass auch kleinste Anlässe zu Reibereien führten.

Es passierte immer wieder, dass Mitarbeiter bei uns Abteilungsleiterinnen über die jeweils andere Abteilung schimpften und sich beschwerten. Wir hätten sehr schnell große Probleme mit Cliquenwirtschaft und „Team-Kriegen" bekommen können, wenn wir diese gegenseitigen Beschuldigungen geduldet oder gar unterstützt hätten. Stattdessen setzten wir uns immer dafür ein, die Situation zu klären, Schwierigkeiten zu lösen – und gleichzeitig auf die Wichtigkeit einer guten Teamarbeit, bezogen auf die gesamte Firma, hinzuweisen.

Das können Sie tun, um ungesunde Cliquenwirtschaft zu vermeiden:

✓ Betonen Sie von Anfang an, wie wichtig Ihnen eine gute Zusammenarbeit ist. Machen Sie immer wieder deutlich, dass Team und Teamwork auf verschiedenen Ebenen funktionieren: im Kleinen (Zusammenarbeit mit einzelnen Kollegen), innerhalb des zugeteilten Teams, innerhalb der Abteilung und zwischen den Abteilungen – innerhalb der gesamten Firma.

✓ Legen Sie Unstimmigkeiten untereinander immer zeitnah bei (nutzen Sie die vielen Tipps in diesem Buch). Nehmen Sie persönliche Animositäten genauso ernst wie fachliche Differenzen und unterstützen Sie Ihre Mitarbeiter dabei, beides konstruktiv anzugehen und gemeinsam zu lösen.

✓ Vermeiden Sie es, einzelne Gruppen vorzuziehen, wie wir es eben beim Thema Konkurrenz/Eifersucht gesehen haben. In vielen Unternehmen wird beispielsweise die Vertriebsabteilung glorifiziert, weil dort „der Umsatz" gemacht wird. So ein Unsinn! Für ein gutes Geschäftsergebnis ist jeder im Unternehmen verantwortlich und nicht nur die offensichtlichste externe Schnittstelle.

Der Teamleiter wird nicht anerkannt

Eine Abteilung wird gegründet, um das Neukundengeschäft anzukurbeln. Zwei langjährige, fachlich hervorragende Mitarbeiterinnen werden für diese Aufgabe rekrutiert. Für die Leitung der neuen Abteilung soll jemand eingestellt werden, der spezielles Know-how im strategischen Aufbau mitbringt und bereits Personalverantwortung hatte. Die beiden Mitarbeiterinnen sind mit dieser Entscheidung einverstanden, weil sie in diesen Bereichen eigene Defizite sehen, sich von dem neuen Teamleiter neue Impulse erwarten und von ihm lernen möchten.

Die eingestellte Abteilungsleiterin macht den klassischen Anfängerfehler: „Neue Besen kehren gut" – im Bestreben, selbst vor der Geschäftsführung gut dazustehen, trifft sie lauter eigene Entscheidungen und versucht, eine Reihe von Neuerungen einzuführen. Dabei ignoriert sie die Tatsache, dass sie von der für sie neuen Branche keine Ahnung hat und dass ihr auch die internen Firmenabläufe und Gegebenheiten noch völlig fremd sind. Entsprechend unpraktikabel und naiv sind viele ihrer Entscheidungen – sie verliert sehr schnell die Achtung ihrer Mitarbeiterinnen, bei denen die Haltung wächst: „Die soll uns was sagen? Die ist ja unfähig!" Das führt nicht nur zu Schwierigkeiten in der neuen Abteilung, sondern die Motivation der beiden langjährigen Mitarbeiterinnen fällt in den Keller. So tief, dass sie sich mit dem Gedanken tragen, das Unternehmen wegen der neuen Chefin zu verlassen. Die Unstimmigkeiten werden immer größer – die beiden Mitarbeiter versuchen zwar von sich aus, die Situation mit der neuen Abteilungsleiterin zu klären, doch diese blockt ab. Nachdem die Schwierigkeiten nicht mehr zu übersehen sind, wird die Geschäftsführerin eingeschaltet. Diese konzentriert sich auf die Fähigkeiten der neuen Abteilungsleiterin und schiebt den Unmut und die Demotivation der langjährigen Mitarbeiterinnen beiseite. Beide Mitarbeiterinnen kündigen daraufhin und verlassen das Unternehmen, obwohl sie dort bislang gern und sehr gut gearbeitet hatten.

Es muss nicht gleich zur Kündigung kommen, wenn der Vorgesetzte zu wenig Anerkennung findet. Wichtig ist es natürlich, den Teamleiter sorgfältig auszuwählen, um sicherzustellen, dass dieser grundsätzlich die Qualifikation und vor allen Dingen auch die Persönlichkeit für eine Führungsposition mitbringt. Im 2. Kapitel sind wir ausführlich darauf eingegangen (siehe S. 42). In vielen Fällen kann man bereits im Vorfeld sehen, ob der Teamleiter anerkannt werden wird oder nicht. Gerade, wenn es um interne Beförderungen geht, ist es wichtig, nicht allein nach fachlichen Kriterien zu entscheiden. Berücksichtigen Sie unbedingt das „Standing", das ein Mitarbeiter im Team hat. Es macht keinen Sinn, jemanden in eine Führungsposition zu befördern, der vom Team abgelehnt – oder nur zögernd respektiert wird. Besser und vielversprechender ist es, frühzeitig etwas dafür zu tun, damit sich etwaige Animositäten oder Vorbehalte lösen:

- ✓ Wenn Sie wissen, dass eine Person in Ihrem Team außen vor oder nicht besonders anerkannt ist, forschen Sie nach den Gründen.

- ✓ Liegen diese Gründe im Verhalten der Person, legen Sie die Karten auf den Tisch und unterstützen Sie den Mitarbeiter dabei, sich zu verbessern. Beispielsweise gibt es in Teams „Außenseiter", die nicht viel von sich erzählen und eher zurückhaltend sind. Alleine das kann zu Barrieren führen, weil die Teamkollegen die Person nicht einschätzen können. Zurückhaltung und Schüchternheit werden zudem oft mit Arroganz verwechselt. Wichtig: Sprechen Sie direkt mit den Teammitgliedern, wenn Sie merken, dass es Schwierigkeiten gibt. Finden Sie am besten in Einzelgesprächen heraus, wo das Problem liegt.

- ✓ Es kann natürlich auch sein, dass ein Teamleiter nicht anerkannt wird, weil das Team sich eine andere Führungskraft gewünscht hätte. So ist es möglich, dass es bereits einen informellen Leiter gibt, der akzeptiert wird und dem das Team die Leitung eher zutraut. In diesem Fall empfiehlt es sich, den informellen Leiter mit ins Boot zu holen: Wenn er mit der Wahl des neuen Teamleiters einverstanden ist, wird das gesamte Team den neuen Leiter schneller akzeptieren (vorausgesetzt natürlich, sein Verhalten und seine Qualifikation überzeugen).

Der Teamleiter ist nicht in der Lage, das Team zu führen

Ein wachsendes Unternehmen entschließt sich, die große Abteilung in kleinere Teams zu unterteilen und jeweils einen Teamleiter zu ernennen: Die Teamleiter sollen selbst vorbildliche Arbeit leisten, fachlich Bescheid wissen und in geringem Rahmen Personalverantwortung übernehmen. Einer der Teamleiter sieht diese Rolle sehr einseitig: Wann immer etwas schief läuft, bringt er Kuchen mit, damit die Motivation steigt. Eine Mitarbeiterin nennt das später „Management by Erdbeerkuchen". Der Teamleiter sieht sich außerstande, selbst konstruktive Kritik zu äußern, und drückt sich davor, Dinge anzusprechen, die nicht gut laufen. Um gut Freund mit allen zu sein, wettert er schon mal gegen „die da oben". Ansonsten sei doch alles in Butter.

Nicht jeder ist für eine leitende Funktion geeignet. Gerade Mitarbeiter, die eben noch einfache Kollegen waren und nun in eine Führungsrolle kommen, sind häufig überfordert oder wehren sich regelrecht gegen die Personalverantwortung. So kann man beobachten, dass Teamleiter das Management ihrer Gruppe und die Personalverantwortung vernachlässigen und weiter ihre Fachaufgaben fortführen, als hätte sich nichts an ihrem Aufgabenbereich geändert.

Sehr oft passiert es, dass Mitarbeiter, die Führungsaufgaben bekommen, plötzlich alleine dastehen. Aufgrund von Unsicherheiten entstehen dann leicht Schwierigkeiten im Team – und werden durch Führungsschwäche noch verstärkt. Für den erfolgreichen Einstieg in eine herausgehobene Position ist es unabdingbar, dass die frisch gebackene Führungskraft nicht alleine gelassen wird. Idealerweise baut man gute Mitarbeiter bereits im Vorfeld auf – und beginnt frühzeitig damit, wesentliche Eigenschaften und Fähigkeiten für das Chefsein zu identifizieren und zu fördern. Spätestens mit der Beförderung wird es wichtig, den neuen Teamleiter entsprechend zu betreuen. Lesen Sie dazu auch zum Thema Unterstützung und Fortbildung für Teamleiter (siehe S. 58).

Es kann jedoch auch sein, dass ein Teamleiter einfach nicht das Zeug zur Führungskraft hat – vielleicht nur momentan nicht, dann kann man diesen Mitarbeiter entsprechend schulen oder für die Zukunft in Managementaufgaben hineinwachsen lassen. Manche Menschen eignen sich jedoch generell nicht für eine Führungsaufgabe mit Personalverantwortung. Zu den wichtigen Eigenschaften und der Persönlichkeit einer Führungskraft lesen Sie mehr ab Seite 42.

Befördern Sie niemals aus der Not heraus („Wir haben niemand anders“), wenn Sie bereits im Vorfeld Bedenken haben.

Ist ein Teamleiter nicht in der Lage, das Team zu führen, sich um die Führung und Weiterentwicklung „seiner Leute“ zu kümmern, dann finden Sie heraus, wie die Person grundsätzlich zu ihrer Führungsrolle steht. Wenn sie kein Interesse zeigt oder wenn Sie feststellen, dass zu diesem Mitarbeiter (derzeit) keine Führungsposition passt, dann ziehen Sie gemeinsam die Konsequenzen und entheben Sie den Mitarbeiter der Rolle des Teamleiters. Diese Entscheidung kommt letztendlich allen zugute.

Einzelne Teammitglieder schießen quer oder ziehen nicht mit

Ein Projekt wird angekündigt. Und ein Teammitglied protestiert dagegen. Es wird gemeinsam eine bestimmte Vorgehensweise vereinbart. Ein Kollege stimmt zwar zu, verhält sich aber kontraproduktiv. Wenn einzelne Teammitglieder nicht mitmachen, dann kann das – je nachdem, worum es geht – vielfältige Folgen haben, beispielsweise:

- ✓ Das Firmenergebnis/-image leidet.
- ✓ Es kommt zu Unstimmigkeiten im Team.
- ✓ Es wird eine Art Meuterei angezettelt.

Ein Teamleiter kann es sich nun leicht machen und beschließen, dass das Querschießen ausschließlich in der Person selbst begründet liegt: Da kann oder möchte jemand etwas einfach nicht mitmachen oder ist von Haus aus ein „Querulant". Tatsächlich aber hat jeder Mensch Gründe für sein Verhalten. Und deshalb lautet die Regel Nummer eins, wenn Sie eine Sache klären möchten, dass Sie diese Gründe herausfinden. Ganz klar: Die Situation und die Schritte zur Lösung sehen völlig unterschiedlich aus, wenn zum Beispiel

- ✓ der Mitarbeiter frustriert ist, weil er bei einer Gehaltserhöhung übergangen wurde, und jetzt in dieser Form seinen Frust und Widerstand zeigt;

- ✓ der Mitarbeiter die neue Vorgehensweise vielleicht einfach nicht richtig verstanden hat, aber davon überzeugt ist, sich korrekt zu verhalten (obwohl das nicht der Fall ist);

- ✓ der Mitarbeiter bestimmte Schwächen in dem geplanten Vorgehen sieht oder nicht dahinter steht und deshalb eine andere, in seinen Augen bessere Vorgehensweise ausübt;

- ✓ der Mitarbeiter kein Vertrauen in die Führung/das Unternehmen hat, weil in der Vergangenheit möglicherweise immer „Hü und Hott" gesagt wurde.

Aus eigener jahrelanger Erfahrung können wir bestätigen, dass sich Probleme meist sofort oder sehr leicht lösen lassen, wenn man den Mitarbeiter direkt – freundlich und sachlich – auf die Situation anspricht. Und zwar nicht, um ihn zu maßregeln und zu kritisieren, sondern mit dem Ziel, der Sache auf den Grund zu gehen und eine gemeinsame Lösung zu finden. So zeigen Sie Ihrem Mitarbeiter, dass Sie ihn und seine Bedürfnisse ernst nehmen – und nur, wenn Sie wissen, was Sache ist, können Sie auch entsprechend reagieren.

Natürlich heißt das nicht, dass Sie Ihre Leute mit „Samthandschuhen" anfassen sollen und bloß kein kritisches Wort über Ihre Lippen kommen darf. Eine Führungskraft muss immer in der Lage sein, ganz klar anzusprechen, wenn ein Verhalten nicht akzeptabel ist – und auch begründen können, weswegen! Gleichzeitig ist es jedoch wichtig und grundsätzlich möglich, die Gründe für Frust & Co. konstruktiv anzugehen und aus dem Weg zu räumen. In der Regel ist das direkte Gespräch bereits der erste Schritt in diese Richtung.

Persönliche Antipathien

So sehr man sich ein gutes Miteinander wünscht – und so ideal es erscheint, wenn die Arbeitskollegen freundschaftlich miteinander umgehen oder das Team tatsächlich in einigen Fällen zum Familienersatz wird –, so wichtig ist es auch zu respektieren, dass sich selbstverständlich jeder seine Freunde selbst aussucht. Der Umgang mit Kollegen ist unterschiedlich: Mit den einen wird man schneller warm, andere kann man einfach nicht leiden. Und genau wie sich jeder privat aussucht, mit wem er engeren Kontakt haben möchte, wer zum Freundeskreis zählt, wer lediglich ein Hallo-Auf-Wiedersehen-Bekannter ist oder wem man lieber aus dem Weg geht, genau so muss diese Option auch im beruflichen Miteinander gegeben sein.

Ein Teamleiter kann nicht verlangen, dass jeder jeden hundertprozentig mag. Häufig wird in Unternehmen jedoch genau das versucht – und unter dem Motto „Wir sind alle eine Familie“ ein sehr persönlicher Umgangston gepflegt, der sich automatisch auch weit ins Privatleben ausdehnt. Für jedes Team – und natürlich auch für die Arbeit – ist es andererseits elementar, dass eine gute Grundstimmung besteht und ein freundlicher Umgangston zwischen allen herrscht. Empfehlenswert ist es deshalb, im Team wichtige Werte zu vermitteln, wie den respektvollen Umgang miteinander, der von jedem erwartet werden kann. Dazu gehört zum Beispiel, dass man sich grüßt, dass man um etwas bittet und sich bedankt – also der ganz normale höfliche Umgangston. (Näheres zu guter Kommunikation und zu Umgangsformen im Team finden Sie im 4. Kapitel, siehe S. 117.)

Wenn persönliche Antipathien zu Querelen führen, leidet das berufliche Miteinander, und das bleibt in der Regel nicht auf die unmittelbar Betroffenen beschränkt, sondern wirkt sich auf andere oder gar auf das ganze Team negativ aus. Wenn die Animositäten stark sind und intensiv ausgelebt werden, können die Folgen fatal sein: Gefühle werden verletzt, und möglicherweise gibt es Streit oder Intrigen. Was kann man in solchen Fällen tun?

Hier noch einmal die Grundregeln:

- ✓ Achten Sie generell auf einen respektvollen Umgang im Team.
- ✓ Fördern Sie die Zusammenarbeit dadurch, dass sich Teamkollegen besser kennen lernen und wirklich gemeinsam an Projekten arbeiten sowie hilfsbereit miteinander umgehen.
- ✓ Versuchen Sie niemals, von Ihren Teammitgliedern zu verlangen, dass sie untereinander befreundet sind. Ein formelhaftes „Mein Gott, wir verstehen uns ja alle so gut" mag zwar oberflächlich gut aussehen, ist aber eher kontraproduktiv, wenn es nur zur Schau gestellt wird, weil es eben „dazu gehört" oder wünschenswert ist.

Sofern es deutliche Antipathien zwischen zwei Kollegen gibt:

- ✓ Sprechen Sie mit beiden separat und schildern Sie Ihre Beobachtung. Finden Sie heraus, was dahinter steckt. Häufig liegt den Schwierigkeiten zugrunde, dass sich Kollegen nicht gut genug kennen, eventuell einen schlechten Start hatten – und diese ersten Eindrücke nicht mehr korrigieren konnten. Vielleicht handelt es sich auch um ein Problem von Konkurrenz oder Eifersucht (siehe S. 169).
- ✓ Je nachdem, wo die Gründe liegen, ergeben sich die nächsten Schritte: von Einzelgesprächen, in denen Sie Ihre Eindrücke und Erwartungen schildern und auf die einzelnen Teamkollegen einwirken, um die Situation zu bereinigen, über ein gemeinsames Gespräch oder eine konstruktive Teambuilding-Maßnahme bis hin zur Zusammenarbeit, beispielsweise in einem gemeinsamen Projekt.
- ✓ Machen Sie Ihren Teammitgliedern klar, dass eine gute Zusammenarbeit nicht nur erstrebenswert ist, sondern auch von Ihnen erwartet wird: Nicht jeder muss mit jedem dick befreundet sein – aber ein respektvoller Umgang miteinander ist immer möglich. Alles andere stört nicht nur das persönliche Miteinander, es wirkt sich auch nachteilig auf die Arbeit aus.

Generell gilt: Wenn Sie schon wissen, dass es persönliche Probleme zwischen bestimmten Mitarbeitern gibt, dann respektieren Sie das auch. Es gibt Fälle, wo Unternehmen absichtlich Kollegen, die sich nicht ausstehen können, in ein gemeinsames Büro stecken oder in Projektteams zur Zusammenarbeit zwingen. Sofern das fachlich nötig ist, kann man das machen und die Kontrahenten unterstützend begleiten. Manchmal lösen sich auch die persönlichen Probleme bei engerem Umgang. Wenn Sie jedoch absehen können, dass ein erzwungener Kontakt nur zu weiteren Schwierigkeiten führt und die betreffenden Kollegen demotiviert, dann forcieren Sie keine engere Zusammenarbeit. Das könnte nach hinten losgehen.

Wenn der Chef einen Mitarbeiter nicht mag

Diesen Fall gibt es natürlich ganz genauso: Sie sind Teamleiter und mögen einen Mitarbeiter nicht. Auch ein Vorgesetzter ist ein Mensch – und deshalb ist es nur natürlich, dass Ihnen bestimmte Personen eher liegen als andere. Für Sie als Teamleiter ist die Lage ganz klar: Sie sind der Vorgesetzte von allen. Und jedes Teammitglied muss Ihnen gleich wichtig sein. Die Intensität, wie persönlich Sie werden möchten, ist jedoch unterschiedlich.

Es kann sein, dass Sie als Teamleiter Mitarbeiter A gerne nach seinem Wochenende fragen, weil Sie ihn persönlich mögen, und bei Mitarbeiter B nicht unbedingt private Themen anschneiden. Wichtig ist jedoch, dass Sie Ihre persönlichen Vorlieben nicht offen zur Schau stellen. Es gibt Vorgesetzte, die immer nur mit denselben Mitarbeitern sprechen und für die anderen überhaupt nicht vorhanden sind. Das ist fatal: Denn eine solche Bevorzugung bestimmter Personen ist natürlich für die anderen deutlich zu erkennen und wirkt sich negativ aus. Für Sie als Teamleiter ist es wichtig, sich klar zu machen:

- ✓ Sie sind Teamleiter für *alle* Teammitglieder.
- ✓ Persönliche Vorlieben sind menschlich, dürfen jedoch nicht dazu führen, dass Sie einzelne Mitarbeiter vorziehen, hintanstellen oder gar meiden.

✓ Eine gute Möglichkeit, die Mitglieder Ihres Teams individueller zu betrachten und damit auch das Team insgesamt besser „greifbar" zu machen, ist es, sich einmal – schriftlich – Gedanken zu jedem einzelnen Mitarbeiter zu machen: Schreiben Sie jeweils auf einen leeren Zettel den Namen eines Teammitglieds. Nun überlegen Sie, was Sie alles an diesem Mitarbeiter bewundern oder gut finden und was Sie nicht so gut finden. Notieren Sie auch, was Sie alles über den Mitarbeiter wissen, und zwar sowohl in beruflicher als auch in privater Hinsicht.

Lassen Sie sich auf jede einzelne Person ein. Sie werden über einige dieser Ergebnisse überrascht sein! Nutzen Sie Ihre Erkenntnisse dazu, individuell auf den Einzelnen einzugehen – und wenn Sie merken, dass Sie von einem Kollegen so gut wie nichts wissen, dann finden Sie mehr über ihn heraus.

Wenn einer Ihrer Mitarbeiter Sie scheinbar nicht mag

Absichtlich steht in der Überschrift „scheinbar". Bevor wir zu echter Antipathie dem Teamleiter gegenüber kommen: Es gibt Mitarbeiter, die sehr „autoritätshörig" sind. Das äußert sich zum Beispiel so, dass ein Chef nicht mehr als normale Person gesehen wird, sondern nur noch als Chef. Ein Indiz dafür sind Sprüche wie „Oh, Sie machen ja auch Fehler. Sie sind ja doch nur ein Mensch." Ja klar.

Wenn ein Mitarbeiter sich von Ihnen als Teamleiter zurückzieht und versucht, bloß nicht in Ihr Sichtfeld zu kommen, dann muss das gar nichts mit Ihrer Person zu tun haben. Es kann sein, dass hier eine Art Chef-Distanz eingenommen wird. Deshalb gilt: Bevor Sie Spekulationen darüber anstellen, warum ein bestimmter Mitarbeiter Distanz hält oder Ihnen gar aus dem Weg geht, fragen Sie direkt nach. Bitten Sie den Mitarbeiter um ein persönliches Gespräch und schildern Sie Ihren Eindruck, dass er Ihnen aus dem Weg geht. Seien Sie freundlich – und schweigen Sie. Ihr Gegenüber wird die Sprechpause füllen, und Sie können dann gemeinsam darüber reden, was Sache ist, und individuelle Schritte zur Verbesserung der Situation vereinbaren.

Wenn ein Teammitglied offen Front gegen Sie macht oder Ihnen unhöflich oder schnippisch begegnet, ist vermeintlich alles klar: Man mag Sie nicht. Doch sogar hier kann die Sache, zum Glück, auch völlig anders liegen. Die größten Fehler, die Sie als Führungskraft in einer solchen Situation machen können:

- ✓ selbst auf Konfrontationskurs gehen (sich Rededuelle liefern, zurückschnappen oder sich rächen, zum Beispiel, indem Sie ungeliebte Arbeit zuteilen);
- ✓ autoritär werden, den Chef rauskehren und Respekt quasi befehlen („Ich bin hier der Chef“, „Ich verbitte mir das“, „So redet man nicht mit mir“ usw.);
- ✓ den Schwanz einziehen und dem „bösen Mitarbeiter“ ausweichen;
- ✓ so tun, als ob nichts passiert wäre, und die Sache auf sich beruhen lassen.

Die einzige Gewinn versprechende und sinnvolle Möglichkeit ist auch in solchen Fällen das direkte Gespräch. Selbst wenn das nicht immer leicht fällt: Bitten Sie den Mitarbeiter um ein Einzelgespräch. Nehmen Sie sich Zeit dafür. Bereiten Sie sich gut vor. Seien Sie daran interessiert, die Sache zu klären. Dazu müssen Sie erst einmal herausfinden, warum sich Ihr Mitarbeiter Ihnen gegenüber so verhält. (Weitere Hinweise zu schwierigen Gesprächen finden Sie ab S. 192.)

Wichtig: Setzen Sie niemals ein Ad-hoc-Gespräch an, beispielsweise direkt nach einem persönlichen Affront, wenn Sie noch auf 180 sind. Das kann nur schief gehen.

Demotivation

Jeder wünscht sich motivierte Mitarbeiter. Und zu diesem Thema gibt es mehr als genug Fachliteratur, Studien usw. Natürlich: Ein motivierter Mitarbeiter geht gerne in die Arbeit, hängt sich rein, ist mit Spaß und Einsatz bei der Sache ... er gehört zum wichtigsten Kapital eines Unternehmens. Diese Motivation zu erreichen und zu erhalten erfordert Aufmerksamkeit und Arbeit. Das ist kein Automatismus, und es gibt auch kein Patentrezept, das für alle gilt. Menschen sind unterschiedlich, und jeder wird durch andere Aspekte und Dinge motiviert.

Natürlich sind nicht alle Ihre Mitarbeiter permanent hoch motiviert – aber möglicherweise grundsätzlich zufrieden, arbeiten gerne und erreichen gute Ergebnisse. Das andere Ende der Skala, richtiggehend demotivierte Mitarbeiter, stellt eine wirkliche Gefahr für Ihr Team dar und für das Unternehmen. Frust, Resignation, Unmut schaden extrem, und beeinträchtigen nicht nur die Arbeitsleistung, sondern führen auch zu Kündigungen. Dabei sind nicht nur die frustrierten Mitarbeiter betroffen: Wenn die Arbeitsbedingungen oder die -atmosphäre schlecht wird, wirkt sich das auf alle Beteiligten aus. In der Konsequenz führt das letztendlich zu Geschäftsverlusten und zum Verlust von Mitarbeitern. Insbesondere auch von guten Mitarbeitern: Denn wer weiß, dass er keine Schwierigkeiten hat, eine neue Position zu bekommen, orientiert sich schneller um.

Demotivation hat viele Facetten und eine schier unübersehbare Zahl von Gründen. Aber Sie können dennoch sehr viel dafür tun, dass Ihre Mitarbeiter zufrieden sind und gut im Team zusammenarbeiten. Anhand von Beispielen aus der Praxis beleuchten wir einzelne Fälle von Demotivation etwas näher. Diese Fallbeispiele und Tipps sollen Ihnen dabei helfen, konkrete Situationen in Ihrem Arbeitsalltag konstruktiv anzugehen.

Motivationstrainer gesucht!

In einem Internetforum fand sich folgende Anfrage:

Betreff: Motivationstrainer

In unserer Firma herrscht zurzeit die absolute Motivationslosigkeit. Das liegt daran, dass wir Mitarbeiter alle unser Bestes geben, um Termine einzuhalten usw. Soll dann aber unser Chef mal etwas zu einem bestimmten Zeitpunkt erledigen, können wir uns nur darauf verlassen, dass es auf keinen Fall zu dem Termin klappt.
Wir Kollegen haben ein super Verhältnis untereinander und verstehen uns alle gut. Trotzdem denken einige darüber nach, die Firma zu wechseln, und langsam, aber sicher beginnt der Zank untereinander. Das ist schlimm, aber wir wissen nicht, was wir dagegen tun können.
Vielleicht hilft ein Motivationstrainer, der auch unserem Chef mal einiges mit auf den Weg geben kann. Kennt einer von Euch einen Motivationstrainer oder einen anderen Rat???

Kann Motivation „gelehrt" werden? Wir sind der Meinung: Ja. Unter folgenden zwingend notwendigen Voraussetzungen:

- ✓ Die Grundstimmung passt.
- ✓ Eine normale Zufriedenheit ist vorhanden.
- ✓ Der „Hund" liegt nicht woanders begraben.

Tatsächlich kommt es vor, dass Menschen gerne in die Arbeit gehen, jedoch – beispielsweise aufgrund von hoher Belastung oder einfach Gedankenlosigkeit – nicht mehr bemerken, was ihnen gut gefällt, dass sie ihre Erfolge nicht mehr sehen. Und durch dieses Nicht-Wahrnehmen kann sich ein Gefühl der Leere einstellen. Hier besteht unserer Ansicht nach sehr wohl die Möglichkeit, durch ein Training oder Coaching die Lebensgeister zu wecken und wieder „frischen Wind", neuen Elan ins Team zu bekommen. Auch als „Zuckerl" kann ein Motivationstraining gut sein: Gerade bei einem Team, das gut harmoniert und zusammenarbeitet und von Haus aus bereits sehr motiviert ist, noch bessere Leistungen zu bringen, lässt sich dadurch ein Plus erreichen: Ein ohnehin vorhandenes Momentum wird genutzt und dient als Rückenwind für noch mehr Motivation und Bewegung.

Das Beispiel der Internet-Anfrage zeigt, wann ein Motivationstraining nichts nützen wird. Hier ist das Thema ein ganz anderes: Wenn ein Team unzufrieden ist – aufgrund von Querelen oder Hindernissen, die die Arbeit erschweren oder madig machen oder auch ganz einfach aufgrund von Unsicherheit oder Druck, dann ist ein Motivationstraining nicht nur fehl am Platz, sondern es kann regelrecht kontraproduktiv sein und die Stimmung noch mehr senken oder sogar zum Auseinanderfallen des Teams führen.

In vielen Unternehmen wird leider eine sehr einfache Rechnung aufgemacht: Auf der Suche nach einem *quick fix* kauft man eine externe Leistung ein, die wie von Zauberhand bestehende Probleme lösen soll. Doch damit wird entweder an der falschen Baustelle gearbeitet oder nur Symptombekämpfung betrieben – der eigentliche Grund für die Unzufriedenheit bleibt bestehen, und die Situation wird nur verschleppt. Ähnlich ist es mit dem strapazierten Begriff Teambuilding.

Wann Teambuildung zur Farce wird

Wie wichtig die persönliche und menschliche Seite für ein gut funktionierendes Team ist, haben wir ausführlich im 4. Kapitel (ab S. 107) dargestellt. Weiter oben hatten wir auch schon den treffenden Begriff „Management by Erdbeerkuchen" für das Verhalten eines Teamleiters, der stets mit irgendwelchen Belohnungen gute Stimmung zu machen versuchte und ansonsten seinen Führungsaufgaben nicht nachkam.

Teambuildung in Form von Reisen, gemeinsamen Unternehmungen oder Geschenken funktioniert dann, wenn das Fundament stimmt. Derartige Anlässe sind hervorragend, damit sich Kollegen näher kennen lernen oder anhand von Spielen oder Projekten zusammenarbeiten und gemeinsam etwas erarbeiten. Sie eignen sich jedoch nicht dazu, andere Probleme zu lösen. Allenfalls geht man einige Zeit darüber hinweg und versucht, die demotivierenden Elemente zu ignorieren.

Eine Mitarbeiterin eines internationalen Konzerns erzählt: „So gut wie alle, nicht nur in der deutschen Niederlassung, sondern auch in ausländischen Niederlassungen, sind schlecht drauf und unzufrieden. Dies geht bereits jahrelang so – doch darum kümmert sich niemand, obwohl es jeder weiß. Das Beste passierte letztes Jahr. Als Dank dafür, dass wir in einem Quartal ein so hohes Umsatzergebnis hatten, bekamen wir ein Geschenk: Das Geschenk war, dass wir am Wochenende gegen unseren Willen zu einem Outdoor-Training geschickt wurden, damit wir ‚zu einem besseren Team würden'. Wir kamen uns vor, als ob wir für die gute Leistung auch noch bestraft wurden: Nicht nur, weil es unser Wochenende war, sondern auch weil bei uns die Botschaft ankam, die Fehler liegen bei uns. Abgesehen davon: Warum sollten WIR was tun, wenn DIE sich um nichts scheren?"

Beseitigen Sie die Gründe für die Demotivation

Anstatt also krampfhaft durch irgendwelche Aktionen demotivierte Teammitglieder auf Teufel komm raus motivieren zu wollen, ist es wichtig, die Gründe für die Demotivation herauszufinden und genau dort anzusetzen, um die Situation zu verbessern. Manchmal kann man Hindernisse tatsächlich gut beseitigen, vergiftete Stimmungen klären – manchmal lässt sich die Ursache aber auch nicht vollständig auflösen. Doch selbst dann hilft es, diese ernst zu nehmen und in dem Maße anzugehen, wie es möglich ist. Beispiel:

Aufgrund sehr hoher Arbeitsbelastung haben viele Mitarbeiter kurz hintereinander das Unternehmen verlassen. Darunter auch langjährige Teammitglieder – was nicht nur arbeitstechnisch ein Loch gerissen hat, sondern auch moralisch: Sogar die „alten" Mitarbeiter sind gegangen! Die Arbeitsbelastung war vorher schon unerträglich hoch und liegt jetzt jenseits von Gut und Böse. Sämtliche Energiereserven des Teams sind längst aufgebraucht, jeder kommt bereits auf dem Zahnfleisch daher. Die Krankheitsrate ist hoch. Ebenso der Grad an Demotivation: Weitere Mitarbeiter denken bereits an Kündigung. Das Unternehmen bemüht sich auf Hochtouren darum, schnell neue Mitarbeiter einzustellen, sogar mehr, als die Firma verlassen haben. So weit die gute Nachricht. Tatsache ist jedoch, dass es einige Wochen dauern wird, bis die neuen Mitarbeiter überhaupt einsatzfähig sind, und selbst dann werden sie bei weitem nicht das Pensum schaffen wie die routinierten Ehemaligen.

Hier haben wir die Situation, dass der Grund für die Demotivation nicht einfach so beseitigt werden kann, denn die Lösung braucht Zeit. Die Firma kann nun verschiedene Wege einschlagen:

✓ Man bemüht sich verstärkt um neue Mitarbeiter und versucht, die bestehende Belegschaft mit dem Hinweis darauf zu beruhigen und bei der Stange zu halten – eventuell mithilfe eines Bonus. Oder die Unternehmensleitung hält still und bietet Mitarbeitern, die kündigen wollen, eine Gehaltserhöhung an.

✓ Das Unternehmen kann aber auch – und dies wäre hier dringend angeraten – das Dilemma offen ansprechen: der Belegschaft für die Treue danken, aufrichtig erklären, dass die Situation verfahren ist. Dann darlegen, was geplant ist, um die Lage schnell in den Griff zu bekommen und klar machen, dass das gesamte Team gebraucht wird, um die Turbulenzen mit vereinten Kräften zu überstehen. Außerdem sollte die Führungskraft einen „Plan B" parat haben: beispielsweise die Unterstützung durch Mitarbeiter anderer Abteilungen, die im personell am meisten unterbesetzten Team aushelfen, oder durch temporäre Mitarbeiter (Studenten oder Zeitarbeit). Oder auch durch tatkräftige Mithilfe des Managements im Tagesgeschäft.

Leider entscheiden sich viele Unternehmen eher für die erste Variante und hoffen, durch ein „Darüber-Hinweggehen" und Aktivitäten im Hintergrund werde man am ehesten die Probleme bewältigen. Dabei ist gerade dies kontraproduktiv.

Versuchen Sie, Schwierigkeiten niemals schönzureden

Es gibt einen großen Unterschied zwischen „positiv und konstruktiv“ und „unglaubwürdig und schönreden“. In jedem Arbeitsalltag gibt es Situationen, die einfach nur furchtbar sind. Das kann man drehen und wenden, wie man will. Dennoch kann man es lösen und positiv rangehen. Ein wichtiger Grundsatz für jeden Teamleiter ist es, glaubwürdig zu bleiben. Tatsächlich vorhandene Schwierigkeiten oder Probleme schönzureden oder zu ignorieren, untergräbt diese Glaubwürdigkeit. Für jedes Team ist es wichtig zu wissen, dass

- ✓ es und seine Bedürfnisse ernst genommen werden;
- ✓ sich die Führungskraft und „das Unternehmen“ um die Belange des Teams kümmern;
- ✓ sich das Management bemüht, Hindernisse aus dem Weg zu räumen, und es möglich macht, gute Arbeit zu leisten.

In einer Firma arbeitet ein eingespieltes Team: Die meisten Mitarbeiter sind schon viele Jahre dabei und kennen sich gut. Neuzugänge werden freundlich aufgenommen und sind schnell integriert. Das Unternehmen wird verkauft und gehört nun zu einem internationalen Konzern. Es kommt zu hektischen Änderungen und Entscheidungen, in deren Folge die Qualität der Dienstleistung leidet und sich Kunden beschweren. Dennoch versuchen die Mitarbeiter, das Beste aus der Situation zu machen: Sie sehen sich kritisch die Neuerungen an und versuchen, sich auf schnell geänderte Arbeitsabläufe einzustellen und diese noch zu verbessern. Manche der vorgeschlagenen Änderungen sind tatsächlich für das Unternehmen kontraproduktiv. Die Geschäftsführung, die Druck von der Konzernleitung bekommt, verlegt sich darauf, kritische Anmerkungen einfach nicht mehr zu hören. Stattdessen wird den engagierten Mitarbeitern bei jeder Gelegenheit vorgeworfen, nicht *open minded* zu sein, und man fordert sie auf, *outside the box* zu denken. Die Mitarbeiter sind persönlich betroffen, dass ihr Engagement für das Unternehmen und ihre Bereitschaft, das Beste aus der Situation zu machen, verdreht und ihnen Tunnelblick sowie mangelnde Konstruktivität vorgeworfen wird.

Weiter oben wurde es bereits betont: Aufmerksamkeit und eine gute Kommunikation sind ausschlaggebend dafür, dass Sie Störungen im Team und in der Motivation schnell mitbekommen und darauf reagieren können. Nicht immer hört man jedoch gerne, was dahinter steckt, und viele Führungskräfte belassen es leider bei der Erkenntnis. Der wichtigste Schritt zur Lösung, das Handeln, wird erstaunlicherweise häufig aufgeschoben oder gar vollständig gemieden.

Zur jährlichen Managementkonferenz eines internationalen Unternehmens wird ein externer Trainer eingeladen, der anhand von speziellen Teamübungen herausfinden soll, wie es um die Motivation der geladenen Führungskräfte steht. Eine der Übungen besteht darin, gemeinsam Bilder zu malen: Papier und Wachsmalkreiden werden verteilt und Teams gebildet. Die Aufgabe lautet: „So sehe ich das Unternehmen." Unter großem Gelächter entstehen die Bilder. Anschließend werden sie an die Wand gepinnt. Unabhängig voneinander hat jedes der Teams, die aus internationalen Managern bestehen, negative Gedanken zu Papier gebracht: In jedem Bild spielen Geld und Dollarzeichen eine große Rolle, in einer Zeichnung wird das Unternehmen als Zug dargestellt, der ins Ungewisse rast – im anderen als großes Kaufhaus, bei dem die Kassierer nicht wissen, was sie überhaupt verkaufen und die Kasse nicht bedienen können. Der externe Trainer teilt mit, dass er die Bilder der Firmenleitung übergeben wird, und nimmt sie von der Wand. Das war auch das Ende dieser Übung. Niemand kam auf die Ergebnisse zurück, und die zutage getretenen Themen und Befürchtungen wurden nie direkt bei den Managern angesprochen.

Zu fragen und dann die Antworten schönzureden oder ins Leere laufen zu lassen, wie in diesem Beispiel, trägt erst recht zur Demotivation bei. Was können Sie also tun, um die Motivation zu fördern und Demotivation zu vermeiden oder zu lösen?

- ✓ Hören Sie Ihren Mitarbeitern zu/halten Sie Kontakt – und achten Sie auf Zwischentöne.
- ✓ Bemühen Sie sich um eine offene Kommunikation und um einen respektvollen Umgangston.

- ✓ Wenn es zu Problemen kommt: Reagieren Sie schnell. Und finden Sie, gemeinsam mit Ihren Mitarbeitern, eine konstruktive Lösung.
- ✓ Seien Sie ehrlich interessiert an einer angenehmen Arbeitsatmosphäre und tragen Sie als Führungskraft nach Kräften dazu bei.
- ✓ Kümmern Sie sich um fachliche und persönliche Themen, besonders um Befürchtungen oder Unmut, finden Sie heraus, worum es genau geht – und handeln Sie!

Keine Sorge, Ihre Mitarbeiter erwarten nicht für alles sofort eine Lösung. Aber sie erwarten zu Recht, ernst genommen zu werden sowie zu erfahren, wie Sie zu der Situation stehen und was passieren wird.

> Versprechen Sie nur, was Sie auch halten können. Und halten Sie, was Sie versprechen!

Tipps für schwierige Gespräche

Wie wichtig gute Kommunikation ist – gerade für Sie als Führungskraft und Vorbild –, wissen Sie. Und dass das nicht immer einfach ist, besonders wenn es sich um schwierige Themen oder Kritik handelt, ebenfalls. Im 4. Kapitel (ab S. 117) finden Sie das Wichtigste zu diesem Thema. Ergänzend dazu hier noch einige Tipps speziell zu schwierigen Gesprächen:

- ✓ Bemühen Sie sich um die richtige Motivation.
  Sie sind an der Lösung der Schwierigkeiten aufrichtig interessiert und möchten Ihre Mitarbeiter dabei unterstützen. Eine falsche Motivation wäre, wenn Sie einfach Druck ausüben oder aus einer Laune heraus kritisieren wollen.

- ✓ Bleiben Sie bei sich.
  Legen Sie aus Ihrer Sicht dar, was Sie stört und warum. Sprechen Sie immer aus der eigenen Perspektive (Ich-Botschaften): „Bei mir kommt es so an, dass ...“, „Ich bin durch Ihr Verhalten verletzt, weil ...“

Kontraproduktiv wäre der Angriff/Vorwurf: „Sie machen immer das und das ..." Hüten Sie sich vor solchen Verallgemeinerungen mit „immer" oder „nie".
Bei sich bleiben heißt außerdem, dass Sie andere aus dem Spiel lassen. Versuchen Sie nicht, glaubwürdiger zu werden mit Sätzen wie: „Jeder denkt ...", „Herr Meier findet auch ..." Sprechen Sie für sich selbst. Seien Sie freundlich, konkret – und bestimmt.

✓ Bringen Sie das Thema oder die Kritik rechtzeitig (zeitnah) und konstruktiv vor.
Kritik vermeiden zu wollen führt häufig dazu, dass man über scheinbare Kleinigkeiten hinwegsieht. Man überzeugt sich selbst davon, nichts sagen zu müssen, denn
- „der andere wird's schon von sich aus merken",
- „vielleicht ist es ein Einzelfall",
- „am Ende sehe ich es selbst nur zu eng, und die Sache ist nicht der Rede wert".

Tatsächlich sollten Sie zeitnah das klärende Gespräch mit der betreffenden Person suchen. Denn sonst gärt es in Ihnen – und irgendwann stehen Sie plötzlich vor einem Riesenproblem. Dann kann es außerdem sein, dass
- Sie ausrasten und dem anderen buchstäblich ins Gesicht explodieren,
- Sie irgendwann mit dem anderen überhaupt nicht mehr können, weil Sie sich selbst so hineingesteigert haben,
- der andere vor den Kopf gestoßen ist, weil Sie das Thema nie angesprochen haben (häufig handelt es sich bei Ärgernissen um Kleinigkeiten, von denen sich der andere gar nicht bewusst ist, dass sie andere nerven oder stören).

✓ Führen Sie Gespräche unter vier Augen.
Achten Sie darauf, dass niemand sein Gesicht verliert. Machen Sie es sich zur Gewohnheit, Gespräche – gerade wenn es um Kritik geht – mit dem Betreffenden allein zu führen.

✓ Gehen Sie positiv in das Gespräch.
Manchmal hat man von vornherein Bedenken, ob ein Gespräch überhaupt etwas bringt, ob sich der andere auch bemühen wird, etwas zu ändern. Dann kommt es schnell zu Aussagen wie: „Mit dem kann man gar nicht reden", „Der ändert sowieso nichts" – und häufig führt das dazu, dass man erst gar keine Anstalten macht, miteinander zu sprechen. Derartige Statements entstehen aus der Furcht, dass die Kritik nicht angenommen werden könnte, und natürlich aus dem Wunsch heraus, die Konfrontation zu vermeiden. Wenn Ihnen diese Gedanken durch den Kopf gehen, denken Sie an den Spruch „Was du nicht willst, dass man dir tu ...": Wie würden Sie sich fühlen, wenn jemand über Sie sagt, mit Ihnen könne man sowieso nicht reden?

Ein sehr guter Maßstab für einen respektvollen Umgang miteinander ist, sich vor Augen zu führen, wie man es selbst gerne hätte: Wie stellen Sie sich ein konstruktives Gespräch vor? Was würden Sie als negativ empfinden? Wie sieht respektvolles Handeln für Sie aus?

Nachwort

Wenn man ein Fachbuch liest, bekommt man eine Fülle von Eindrücken – viele davon sind interessant, bei einigen hat man den „Aha-Effekt“. Idealerweise enthält das Buch praktische Tipps, von denen man den einen oder anderen direkt umsetzen kann. Danach wandert es meistens ins Bücherregal. Und dort steht es dann.

Unser Vorschlag: Nehmen Sie *Unschlagbar durch gutes Teamwork* immer mal wieder zur Hand – und widmen Sie sich beim wiederholten Lesen nur einzelnen Abschnitten, denn

- ✓ beim nochmaligen Lesen fallen Ihnen andere Aspekte auf,
- ✓ Ihre Arbeitssituation ist beweglich, und neue Themen werden aktuell,
- ✓ die eigene Einstellung entwickelt und verändert sich.

Wir hoffen, dass unser Buch hilfreich für Sie ist, und freuen uns, wenn Sie uns Ihre Meinung zu *Unschlagbar durch gutes Teamwork* mitteilen.

Viel Erfolg!

Christine Öttl + Gitte Härter
E-Mail: objektiv@selbstmarketing.de

Anhang

Linktipps

Da das Internet schnelllebig ist, bleibt leider nicht jeder Webtipp immer aktuell. Sofern Sie unter der angegebenen Adresse eine Fehlermeldung bekommen, nutzen Sie bitte eine der angegebenen Suchmaschinen, um zum Ziel zu kommen.

http://www.respektvoll-managen.de
Website der Autorinnen mit vielen Online-Tipps

Online-Magazine und Link-Sammlungen

http://www.mwonline.de
Managementwissen online, u.a. Links zu „Spezialthemen" wie Teamarbeit, Personalauswahl, Führung ...

http://www.business-wissen.de
umfassende Artikel und Linktipps

http://www.zeitzuleben.de
Zeit zu leben – umfassendes Onlinemagazin, u.a. Artikel zu Kommunikation, Selbstmanagement, Persönlichkeitsentwicklung, Kreativität

http://www.infoquelle.de
Infoquelle – hilfreiche Artikel und Informationen

http://www.themanagement.de
The Management – Linksammlung

http://www.checkliste.de
Linksammlung für Checklisten im Netz

Online-Stellenbörsen

http://www.jobrobot.de
http://www.consultants.de
http://www.monster.de
http://www.jobscout.de
http://www.wwj.de
http://www.arbeitsamt.de
http://www.romling.com

Buchtipps

Kommunikation

Friedemann Schulz von Thun, *Miteinander reden,* Bd. 1–3, Reinbek bei Hamburg: Rowohlt, 2003

Friedemann Schulz von Thun u. a., *Miteinander reden: Kommunikationspsychologie für Führungskräfte,* Reinbek bei Hamburg: Rowohlt, 2000

Christine Demmer, *Wie sage ich's meinen Mitarbeitern? Belegschaft und Team optimal informieren*, Landsberg am Lech: mvg, 2001

Helmar Dießner, *Gruppendynamische Übungen & Spiele*, Paderborn: Junfermann Verlag, 1997

Mitarbeiterführung

Albert J. Bernstein/Sydney Craft Rozen, *Kooperation statt Konflikt: Wege durch das Labyrinth des Firmenalltags*, München: Droemer Knaur, 1995

David Freemantle, *Achtzig Tipps für tolle Chefs ... und solche, die es werden wollen*, Landsberg am Lech: mvg, 2002

Keshavan Nair, *Führen durch Vorbild. Lehren aus dem Leben Gandhis*, Freiburg i. Br.: Verlag Hermann Bauer, 1997

Robert Pater, *Fernöstliche Kampftechniken im modernen Management*, München: Wilhelm Heyne Verlag, 1998

Nele Haasen, *Mentoring. Persönliche Karriereförderung als Erfolgskonzept*, München: Wilhelm Heyne Verlag, 2001

Hans-Jürgen Kratz, *Richtig loben und motivieren*, Regensburg: Walhalla Fachverlag, 1998

Management

Christine Öttl/Gitte Härter, *Erfolgreich expandieren*, Landsberg am Lech: mvg, 2000

Bob Nelson/Peter Economy, *Management für Dummies*, Bonn: MITP, 2000

Eileen C. Shapiro, *Trendsurfen in den Chefetagen. Unternehmensführung jenseits der Management-Moden*, München: Wilhelm Heyne Verlag, 1998

Richard Koch, *Das 80/20 Prinzip. Mehr Erfolg mit weniger Aufwand*, Frankfurt a. M.: Campus Verlag, 1998

Motivation

Peter Stemmann/Manfred Wenzel, *Motivationsmethoden streng vertraulich*, Landsberg am Lech: mvg, 1994

Reinhard K. Sprenger, *Das Prinzip Selbstverantwortung. Wege zur Motivation*, Frankfurt a. M.: Campus Verlag, 2002

Persönlichkeitsentwicklung/Selbstmanagement

Christine Öttl/Gitte Härter, *Ich-Marketing*, München: Gräfe und Unzer Verlag, 2002

Stephen R. Covey, *Die sieben Wege zur Effektivität*, München: Wilhelm Heyne Verlag, 2000

Daniel Goleman, *Emotionale Intelligenz*, München: Carl Hanser Verlag 1999

Günter F. Gross, *Beruflich Profi, privat Amateur*? Landsberg am Lech: mvg, 1999

Mihaly Csikszentmihalyi, *Lebe gut! Wie Sie das Beste aus Ihrem Leben machen*, München: dtv, 2001

Stefan F. Gross, *Beziehungsintelligenz. Talent und Brillanz im Umgang mit Menschen*, Landsberg am Lech: mvg, 1997

Robert J. Sternberg, *Erfolgsintelligenz. Warum wir mehr brauchen als EQ und IQ*, München: Lichtenberg Verlag, 1998

Nikolaus B. Enkelmann, *Charisma. Beruflichen und privaten Erfolg durch Persönlichkeit*, Landsberg am Lech: mvg, 1999

Über die Autorinnen

Christine Öttl und Gitte Härter waren fast ein Jahrzehnt im Management eines internationalen Medienkonzerns tätig – und haben am „eigenen Leib“ erfahren, was es heißt, Teams zusammenzustellen und zu leiten. Seit 1999 sind sie gemeinsam selbstständig mit dem Coaching- und Trainingsunternehmen **objektiv.** in München.

Wir coachen und trainieren:

- in Führungs- und Kommunikationsfragen
- zu Bewerbungs- und Karrierethemen

Auf unserer Website www.selbstmarketing.de bieten wir Ihnen außerdem zahlreiche Online-Tipps (Artikel, Kurztipps, Buch- und Link-Empfehlungen). Schauen Sie vorbei!

Weitere Bücher:

Ich-Marketing, Gräfe & Unzer Verlag
Zweite Chance Traumjob. Mehr Erfolg durch berufliche Neuorientierung, Redline Wirtschaft
*Perfekte Organisation im Kleinbetrie*b, mvg Verlag
Studienabbruch. So geht's weiter, mvg Verlag
Erfolgreich expandieren, mvg Verlag

Kontaktieren Sie uns:

objektiv.
Coaching und Training für Business & Karriere
Christine Öttl/Gitte Härter
St.-Cajetan-Straße 10
81669 München
Tel. (0 89) 40 90 69 61
E-Mail: objektiv@selbstmarketing.de
Internet: www.selbstmarketing.de

W. Timothy Gallwey
Erfolg durch Selbstcoaching
Mit der Inner-Game-Methode
zu mehr Balance im Beruf
Preis: € 14,80
ISBN: 3-8214-7613-3

Christian Maier
Spielraum für Wesentliches (2. Auflage)
INNER GAME – ein Weg zur Entdeckung
der eigenen Potenziale
Preis: € 14,80
ISBN: 3-8214-7614-1

Birgit Mandel
Lust auf Kultur
Karrierewege in das
Berufsfeld Kulturvermittlung
Preis: € 14,80
ISBN: 3-8214-7617-6

Elisabeth Mehrmann
Schneller zum Ziel durch klare Kommunikation
Profitipps für den beruflichen Alltag
Preis: € 14,80
ISBN: 3-8214-7619-2

Dieter Mueller-Harju
Kompass 50 plus
Perspektiven für den beruflichen
und persönlichen Neubeginn
Preis: € 14,80
ISBN: 3-8214-7607-9

Stephanie Müller
Kind + Computer
Ein Ratgeber für Eltern und Erzieher
Preis: € 14,80
ISBN: 3-8214-7604-4

Anne Oppermann / Gereon Franken
Fit für den Fernunterricht
Die Entscheidungshilfe für individuelle Weiterbildung
Preis: € 14,80
ISBN: 3-8214-7621-4

Elke Pohl
Nie mehr Stress im Job
100 Tipps für entspanntes Arbeiten
Preis: € 14,80
ISBN: 3-8214-7611-7

Elke Pohl
Karriere-Knigge (2. Auflage)
100 Tipps für gekonntes
Auftreten im Berufsleben
Preis: € 14,80
ISBN: 3-8214-7615-X

Klaus Siebenhaar (Hrsg.)
Karriereziel Kulturmanagement (2. Auflage)
Studiengänge und Berufsbilder im Profil
Preis: € 14,80
ISBN: 3-8214-7626-5

Olaf Zimmermann / Gabriele Schulz
Traumberuf Künstler
Kreativität leben – finanzielle Sicherheit erreichen
Preis: € 14,80
ISBN: 3-8214-7618-4